祈りの諸相

~聖書に学ぶ~

聖書神学舎教師会［編］

いのちのことば社

はじめに

二〇一八年度夏期研修講座　コーディネーター　鞭木由行

　ここに一冊の書物としてまとめられたものは、二〇一八年七月九日から一一日まで奥多摩福音の家で持たれた聖書神学舎・夏期研修講座の講義録です。二〇一八年度のテーマは『祈り』でした。聖書宣教会は以前から「聖書的理解を求めて」というシリーズで「礼拝」「賛美」「聖餐」に取り組んできましたが、今回「祈り」をテーマとすることで、このシリーズを完結させるつもりでした。しかし、発表された講義はこのようなシリーズとして扱うことができないほど多様性に富んでいたため、このシリーズとは一線を画して、『祈りの諸相――聖書に学ぶ』として出版することにいたしました。

　祈りとしては特殊な問題である「死者への祈り」や詩篇における「のろい」を取り上げる一方で、旧約聖書や新約聖書から典型的な祈りである「主の祈り」や「ダビデの祈り」を取り上げ、またルカ文書において展開された祈りを包括的に考察したものもあります。最後には、祈りが持っている教会的広がりを意識しながら、「牧会者の祈り」（いわゆる「牧会祈禱」と呼ばれるもの）の検討や礼拝時においてささげられる「公同の祈り」についても論じられています。それは一見すると、まとまりがないように思われますが、今日の教会が直面している祈りの多面性を提示することになったと思います。読者には、ご自分の関心にしたがって祈りの各章を選んで読まれることをお薦めしますが、同時にそれが教会の祈りについての理解を深め、教会全体を益する書物となることを心から願っております。

目次

はじめに〈鞭木由行〉……3
詩篇から祈りを考える——賛美とのろい〈伊藤暢人〉……7
死者への祈り——イザヤ書一九章一—四節〈田村 将〉……50
「ダビデの祈り」——サムエル記第二、七章一八—二九節〈津村俊夫〉……78
ルカの福音書における祈り——ルカの福音書一八章一—八節〈三浦 譲〉……117
主の祈り〈内田和彦〉……180
牧会者の祈り〈赤坂 泉〉……209
礼拝における公同の祈り〈鞭木由行〉……248
あとがき〈赤坂 泉〉……299

詩篇から祈りを考える――賛美とのろい

伊藤暢人

はじめに――公同の祈りと詩篇

聖書の時代から今日まで、詩篇は教会の祈りの書として用いられてきました。その場合、教会あるいは個人は、詩篇の中の「私」ないし「私たち」に自分を重ねてきたのではないでしょうか。信仰者は意識しているにせよ、そうでないにせよ、詩篇作者のことばと経験を、自分に引き寄せて考えていると思います。

詩篇には、およそ人間の経験するあらゆる感情が表されていると言われます。宗教改革者カルヴァンは、詩篇の注解書の序文でこの特徴を次のように著しました。

「わたしはこの書物〔筆者注＝詩篇のこと〕を魂のあらゆる部分の解剖図と呼ぶのを常として来た。なぜならば、あたかも鏡に映すようにその中に描写されていない人間の情念は、ひとつも存在しないからである。さらに言うならば、そこにおいて聖霊はあらゆる苦悩、悲哀、恐れ、疑い、望み、慰め、惑い、それればかりか、人間の魂を常に揺り動かす気持の乱れを生々と描き出している。[*1]」

私たちが祈るとき、詩篇ほど私たちの身近にある聖書の書物はないでしょう。では、私たちは詩篇からどのように祈りを学ぶことができるのでしょうか。詩篇には、賛美、感謝、嘆き、悔い改めなど多くの祈りがありますが、ここではその中から、賛美の詩篇とのろいの詩篇を取り上げて考えてみたいと思います。

賛美の祈り——詩篇八篇

まず初めに賛美の詩篇として、八篇を考えたいと思います。表題「ダビデの賛歌」から分かるのは、これがダビデによって書かれた詩篇であることです。「ダビデの」の「の」を表す前置詞 lə（レ）は「による、に属する、のための」など様々な意味を取り得ますが、ダビデの著者性を疑う必要はないでしょう。後でも触れますが、新約聖書もこの詩篇がダビデによるものであることを明言しています（ヘブル四・七）。

また、「指揮者のために」とあります。このことばは伝統的にそう理解されてきましたが、その意味は必ずしも定かではありません。紀元前三―二世紀のギリシア語訳である七十人訳聖書はこの語をエイス・ト・テロス「最後まで（?）」としており、古代の訳者にとってもすでに不明瞭なことばだったようです。逆に言えば、表題がそれほど古いものであることを暗示しているとも言えるでしょう。

「ギテトの調べにのせて」とあるのも、楽器のことを指すという解釈と、ワイン・プレスを指すという解釈があるようです。これも、残念ながら意味は判然としません。しかしながら、「指揮者のために」と合わせて、これらが何らかの音楽的注釈を表しているのは確かなことです。それは古代から詩篇と音楽が密接な関わりを持っていたことを私たちに教えます。津村先生は「紀元前二千年期の半ばのウガリトからは『詳しい音楽的注釈を伴ったフルリ語のニッカル賛歌』が出土している。このことは……ダビデより何世紀も前から、シリア・パレスチナにおける詩歌のテキストと音楽に関する長い伝統が存在していたことを示している」[*2]としています。詩篇は音楽に合わせて豊かに歌われていました。詩があり、伴奏があり、ことばと旋律とが共に歌われていました。私たちは詩篇から祈りを考えますが、祈りと賛美はそもそも切り離して考えることのできないものです。今日の教会は詩篇そのものを歌わなくなってしまっている傾向にないでしょうか。だとすれば、それは大きな損失であるように思えます。

【一―二節】

さて、私たちが詩篇八篇を読んですぐに気がつくことは、最初と最後に同じことばが繰り返されていることです。これはヘブル詩の技法の一つ（インクルージオ）ですが、賛美に始まり賛美に終わることで、この詩篇が「賛美の詩篇」であることは明らかです。ダビデは契約の主の御名（ＹＨＷＨ）を呼び求め、その力強さ、偉大さをほめたたえることで祈りを始め、また閉じています。短い詩篇ですが、ここには神のご性質やみわざが豊かに覚えられ、賛美に満ちていると言うことができます。

ダビデは主の御名を呼んだ後で、すぐにこれを「私たちの主よ」と言い換え、偉大な神と「私たち」との関係性も明らかにします。主は私たちの契約の主です。神と神の民との間には揺るがない契約関係が常にあります。

では、ダビデはどのように主を賛美しているのでしょうか。

「あなたの御名は全地にわたり
なんと力に満ちていることでしょう。
あなたのご威光は天でたたえられています。」

聖書の中で「御名」は、その名に表されている神ご自身を指すことも多いのですが、ここでは神ご自身ばかりでなく、その啓示をも指し示していると思われます。具体的には、被造物によって全地に現された神のみわざと、そこに示されている神の偉大さを意味するのでしょう。それは御名が「威光」と並行していることとも調和します。[*3]

「地」と「天」というワードペアが出てきます。これは対称的な、あるいは両極端にある二つの語を並置することによって、その間にあるすべてのものを言い表す技法です（メリスムス)。すなわち、ダビデの祈りは全宇宙的に神のすばらしさを賛美して始まっています。具体的にはこの後で、天にある神のみわざを覚え(三節)、地にある人間と人間以外の多くの被造物が覚えられることになりますが(四節以降)、天地にあふれる神の創造のみわざを壮大なスケールで覚えることによって、ダビデの祈りは始まり(また、九節では終わり)ます。

「力に満ちている」という意味の形容詞アディールは、力強さや威厳のあるさまを言い表すことばです。詩篇七六篇四節や九三篇四節では、「獲物で満ちる山々」や「大水のとどろき」、「力強い海の波」との比較で、神の力に満ちたさまが言及されていますが、八篇ではそうした比較はなく、むしろ絶対的に主の御名の力強さが宣言されています。「威光」と訳されたホードも権威や尊厳を表すことばですが、特に美しさ、輝き、威光など、人間に知覚可能な、目に見える形でそれが表されることに特徴があるようです(一四八篇一三節参照)。

さて二節に入ると、そこでもまた神の力が賛美されますが、今度は全く違った角度から光が当てられます。神に「敵対する者」、「復讐する敵」の存在が現れて、神がどのようにこれと戦うかが述べられます。そこで用いられるのは、「幼子たち」、「乳飲み子たち」です。この二つのことばもワードペアで、弱く小さな者の象徴である人たちであり、しかもその人たちの「口」が用いられます。

では、幼子と乳飲み子の口がどのようにして神の「御力を打ち立て」るのでしょうか。それを理解する秘訣は、御力と訳された「オーズ」ということばにあります。新改訳2017の脚注に「あるいは『誉れ』」とあるように、これはほめられるべき神の御力を表す語です。神の力はその偉大さ、雄大さ、壮大さのゆえに、神の誉れであり栄光です。オーズという語は御力であるとともに、神が神であられるがゆえに当然神に帰されるべき栄誉をも表します。ですから、ここで幼子たちが口にしたのは神の誉れをほめたたえる賛美であったと思われます。神はいと小さき者たちの賛美の声をもって、その偉大さを知らしめられました。

ご存じのように、このことはマタイの福音書二一章一二―一六節でキリストにおいて実現しました。そこではオーズはギリシア語でアイノス「誉れ」と訳されています。そしてマタイの福音書の場面で神に「敵対する者」となっていたのは、祭司長や律法学者でした。聖書を読んでいながらそこに慎重に耳を傾けていないとき、主の奉仕者でありながら神に敵対する者になってしまう危険に気がついておきたいと思います。

【三―四節】

三節と四節で、ダビデは人の存在のちっぽけなことを意識しています。まず彼は夜空を見上げます。そこには月や星々が輝いています。「整えられた」とあるのは、神が確かにその場所を定めたということです。月の軌道、星々の運行、その輝き、広がり、すべては神が配置されました。それらが神の「指のわざ」と言われているのは興味深いことです。被造物が「御手のわざ」と言われることは数多くあります（六節、一九・一、一〇二・二五）が、「指のわざ」とはこの箇所に固有の表現です。それは、夜空の月や小さな星々さえも配置して、運行を定める神のみわざの繊細さを言い表しているように思われます。「御手のわざ」よりも、よりデリケートで精巧な性質を表現しているのではないでしょうか。

そしてダビデはそのような星々と人間を比較して、人がちっぽけな存在でしかないことに気づきます。「人とは何ものなのでしょう。[*4]」しかし天を見上げて人間の小ささを感じるというのであれば、それは特別珍しいことでもありません。ダビデを真に驚かせたのは、人間の小ささではなく、そのようなちっぽけな存在であるにもかかわらず、その人間を神が「心に留め」、「顧みて」くださるということでした。

「心に留める」と「顧みる」は共に動詞の未完了形で記されています。それは神が絶えずそのようにしてくださる継続的行為を表すか、あるいは未完了形の持つモーダルな相からすれば神の強い意志の表れを意味するのかもしれません。いずれにしても、ここには強い驚きがあります。四節は「……何ものなのでしょう」という前半を考えると、後半に否定的な答えが予想されます。しかし、そこで「あなたが心に留められる」、「あなたが顧みてくださる」という肯定的な答えが得られるところに、人間の予想を超えた神の大きな愛があります。人の存在の重要性が天から肯定されます。祈りということを考えるならば、このような神とのダイナミックなやりとりこそ、私たちの祈りの原動力となり、励ましとなるものでしょう。人と神との間には常に生きた対話があるのです。

【五―八節、九節】

このような神による肯定的な答えは、五―八節でさらに強められ、そして九節で最後の賛美に至ります。五節では人が「御使い」と比較されます。「御使い」を表すエロヒームは、新改訳第三版までは「神」と訳されてきました。エロヒームは普通、神を表す語であり、新改訳２０１７も「別訳」としてその可能性を残しています。しかし、エロヒームは異教の神々を含めた何らかの天的な存在（heavenly beings）を表すのに用いられることがありますし（詩篇九六・四、五参照）、またこの箇所に関して言えば、新約聖書のヘブル人への手紙がこれを引用し、「御使い（アンゲロス）」としています（ヘブル二・七）。今回の新改訳２０１７はこの新約聖書の理解に従ったものと思われます。

いずれにしても、ダビデがここで言わんとしていることは、神は人間を他のすべての被造物にはるかにまさる地位に置いたということです。そしてその地位とは、「栄光と誉れの冠をかぶらせてくださいました」とあるとおり、王としての地位です。六節から八節に

聖書のことなら何でもわかる

新改訳、新共同訳、口語訳対応で
聖書に関するあらゆる項目を網羅。

新装版
新聖書辞典

[A5判]　¥6,900+税

▩1728頁　▩上製 箱入

新改訳、新共同訳、口語訳。いずれの聖書にも対応。本文中や索引などに、人名・地名等の異なる表記を併記。圧倒的な知識量　6593項目を収録。人名、地名、歴史、地理、祭儀、度量衡、貨幣、動植物、天文等、聖書に関するあらゆる項目を網羅。

＊新共同訳、口語訳の項目を含む

『聖書 新改訳 第三版』対応

聖書の奥深い世界がさらに身近になる

旧新約聖書66巻の注解を
1冊にまとめた便利な参考書

新装版
新実用聖書注解

[A5判]　¥6,900+税

▩1920頁 ▩三方断（カバーなし） 並製

1995年出版のベストセラー。創世記から黙示録まで、旧新約聖書66巻の注解を1冊にまとめた便利な参考書。各書ごとの時代背景やテーマ、各章節ごとの意味を、初学者にも理解できる言葉で簡潔に解説する。確かな内容とハンディーなサイズ、これなら、いつでもどこでも聖書の学びができる。聖書の奥深い世界がさらに身近に。

『聖書 新改訳 第三版』対応

あるように、神は人を王のように地上のすべてのものを治める支配者とされました。「冠」は王や支配者の権威の象徴です。

そして、創世記を知っている者はだれでも、ここで創世記一章二六—二八節のみことばを想起するのではないでしょうか。神は人を「神のかたち」として創造されました。それは、地のすべての者を従え、支配させるためでした。神が世界の究極の支配者であるならば、人はその摂政あるいは代理者としての地位をいただいています。

そのように考えるとき、私たちはここに神をほめたたえるべき二番目の理由を見出します。それは、人に対する神の無限の恵みです。一節で主の御名を賛美したとき、その理由は天地に満ちている、主の御名あるいは主の威光のすばらしさのゆえでした。それは具体的には天地にある主の創造のみわざを指していました。しかしこの詩篇は、三節以降、焦点を人間のほうにぐっと持ってきて、人に対してどこまでも良くしてくださる主の恵みを覚えさせます。今や、人をこれほど「心に留め」、「顧みて」くださる主の愛こそ、私たちが主にほめ歌をささげなければならない、もう一つの理由です。

ですから、このまま九節に繋がって主をほめたたえて終わっても、違和感はないのですが、ここでもう一つのことに注目したいと思います。それは六節に、

「あなたの御手のわざを人に治めさせ
万物を彼の足の下に置かれました」

とあることです。みことばはそのように言いますが、しかし私たちははたして万物が人間の足の下に置かれていると言うことができるでしょうか。今日私たちは、人が神の摂政として全世界を足の下に置いてふさわしく治めているとは、とても言えないように思います。「万物を彼の足の下に」とは創世記一―二章においては真実でしたが、ダビデの時代においても、あるいは私たちの時代においては、どのように理解すればよいのでしょうか。

新約聖書はその点で雄弁です。六節は新約聖書において三回引用されています。コリント人への手紙第一、一五章二五―二七節、エペソ人への手紙一章二二節、ヘブル人への手紙二章六―九節です。そしてそのいずれにおいても、「彼」はキリストを指しています。パウロも、ヘブル人への手紙の著者も、同じ理解に立っています。私たちは、ここに新約聖書が旧約聖書を解釈している実例を見ます。

では、どうして「彼」はキリストを指しているのでしょうか。聖書を知っている者たちは、その答えを知っているように思います。それは、人が罪に堕落したからではないでしょうか。神は人を被造物の頂点、その支配者として位置づけてくださいました。しかし、人は神の委任に応えることができず、自らそれにふさわしくないことを明らかにしてしまいました。そこで、創造のときに神が意図されたことは、「人となられた神」であるキリストによって実現されなければなりませんでした。ヘブル人への手紙二章六―九節にこうあります。

「6 ある箇所で、ある人がこう証ししています。
『人とは何ものなのでしょう。
あなたがこれを心に留められるとは。
人の子とはいったい何ものなのでしょう。
あなたがこれを顧みてくださるとは。
7 あなたは、人を御使いより
わずかの間低いものとし、
これに栄光と誉れの冠をかぶらせ
8 万物を彼の足の下に置かれました。』
神は、万物を人の下に置かれたとき、彼に従わないものを何も残されませんでした。

それなのに、今なお私たちは、すべてのものが人の下に置かれているのを見てはいません。
9 ただ、御使いよりもわずかの間低くされた方、すなわちイエスのことは見ています。イエスは死の苦しみのゆえに、栄光と誉れの冠を受けられました。その死は、神の恵みによって、すべての人のために味わわれたものです。」

八節一行目まで詩篇八篇が引用された後で、ヘブル人への手紙の著者は、すべてのものが人間の足の下に置かれているのを、今に至るまで見てはいないと言います。しかし著者は、「イエスのこと」は見ていると言います。イエスは人に代わって栄光と誉れの冠をかぶられました。神は創造のときに意図されたことを、御子を遣わすことによって実現なさったのです。

しかし注目しなければならないのは、イエスは「死の苦しみのゆえに」それを成し遂げられたということです。主イエスは十字架の苦しみを通して、神の約束を実現なさいました。なぜなら、十字架の死によって、まず罪からの解放を獲得し、死に対する勝利を成し遂げなければならなかったからです。その死の苦しみのゆえに、イエスは「栄光と誉れの冠を受けられました」。しかし「その死は、神の恵みによって、すべての人のために味わわれたものです」。続く一〇節にもあることですが、人間を神が意図された栄光に導くために、主イエスは十字架の死を通して、これを実現してくださいました。

こうして、詩篇八篇はダビデによるメシア預言の性質を持つことが明らかにされました。そうすると最後に残る問題は、ではダビデは詩篇の著者としてそのことを分かっていたのだろうかということです。詩篇八篇を編んだとき、神の御手のわざである万物が人の足の下に置かれるのは、やがて来るメシアを通してであることを、ダビデは分かっていたのでしょうか。どこまではっきりしていたかは分かりませんが、おそらくダビデには分かっていたのではないかと思います。使徒の働き二章三〇—三一節にあるように「彼は預言者」でした。使徒の働き二章で議論されているのは詩篇一六篇です。ダビデは一六篇で「後のことを予見し、キリストの復活について……語った」のと同じように、八篇でもメシアの死の苦しみによってこれが実現することを予見していたのではないでしょうか。

そしてそのように考えるならば、私たちは詩篇八篇九節で、一節のことばを繰り返して主を賛美するときに、もう一つの賛美の理由を得ることになります。主を賛美する第一の理由は、創造のみわざでした。第二の理由は、人に対する恵みでした。三番目に、御子キリストの十字架の恵みのゆえに、私たちは主が成し遂げてくださった救いのみわざを感謝し、主をほめたたえるように導かれます。

「主よ　私たちの主よ
あなたの御名は全地にわたり
なんと力に満ちていることでしょう。」

私たちが御名を賛美する祈りをささげるときにも、このようなしっかりとした根拠、はっきりとした自覚をいただいて、そうさせていただきたいと願います。神がしてくださったことに目を留め、これを認識するときに、私たちは祈りの中で神を賛美せずにはいられないからです。詩篇は私たちの賛美の祈りを、内容の豊かなものに導いてくれます。

のろいの祈り――詩篇八三篇

さて次に、賛美の祈りとは異なり、いささか理解の難しい詩篇を取り上げてみたいと思います。詩篇の中には私たちが困らされるようなものも案外少なくありません。でも同時にそれは、どうしてこのような祈りが詩篇の中に、また聖書の中にあるのかと興味をそそられるような点でもあります。それは、のろいの祈りと呼ばれる、敵に対する復讐を求める祈りです。

たとえば、詩篇一三七篇八―九節を私たちは公の祈りのことばとして用いることはできないでしょう。

「娘バビロンよ　荒らされるべき者よ。
幸いなことよ
おまえが私たちにしたことに　仕返しする人は。
幸いなことよ
おまえの幼子たちを捕らえ　岩に打ちつける人は。」

ここでは、エルサレムを破壊するバビロンの町に対するわざわいが祈願されています。バビロンに仕返しをする人は「幸い」なのです。「幼子を捕らえ　岩に打ちつける人」が幸いだとされています。今日の日本では幼児虐待とも取られかねないような、ひどいことば遣いであり、内容に思われます。

このような詩篇を考える際に、問題点を三つ考えることができます。一番目に道徳的な問題です。のろいの祈りは敵に対して死や滅びを願います。それもひどいと思われる仕方でそれが行われることを求めます。そのとき神の愛や、「自分の敵を愛し、自分を迫害する者のために祈りなさい」(マタイ五・四四)というイエスの教えはどこへいってしまうのでしょうか。二番目に神論の問題があります。このような祈りをささげられ、また少なくとも詩篇作者においてはこの祈りに答えてくださると想定されている神は、どのような神なのでしょうか。私たちは神の性質をどう理解したらよいのでしょうか。そして三番目は、信仰者の問題です。敵の上に悲惨なことが起こることを求め、わざわいを神に願う人は、いったいどのような信仰を持っているのでしょうか。

このような問題を含んでいますが、同時に、はたしてこれらの祈りを「のろい(あるいは漢字で、呪い)の詩篇」(imprecatory psalms)[*5]とすることはふさわしいかどうかについても考えたいと思います。のろいとは何を意味しているのか、これらの祈りが真に求めていることは何かということです。

のろいの祈りの観察

のろいの祈りを考える際に、いくつか留意すべきことがあります。第一に、のろわれる対象となっている人々は、確かに悪を行っているということです。たとえば、詩篇三五篇四―一〇節には比較的長いのろいの祈りがあります。作者はそこで敵が恥を見ること、風の前の籾殻のようになること、彼らの道が暗闇となることなどを願っています。では敵が何をしたのかというと、彼らは「私のいのちを求める者たち」（四節）であり、「ゆえもなく」（七節）罠を仕掛ける人たちです。「彼らは悪をもって善に報い」（一二節）、詩篇作者は彼らを「私の友」、「兄弟」、「母」（一四節）であるかのように世話をしたのに、彼らは作者を攻撃するようになりました。ですから、彼らは確かに神の義にしたがってさばかれるようなことをしている（二四節）のであり、作者は自分勝手に不当な要求をしているわけではないと言うことができます。

第二に、このような復讐を求める祈りにおいては、敵が自分の仕掛けた悪の報いを受けるようにと祈り求めることが多くあります。詩篇三五篇でいえば、敵は網を張った穴をゆえもなく隠しましたが、作者が祈るのは、

「思わぬときに　滅びが彼を襲いますように。

　隠した網が彼を捕らえ
　滅びの中に彼が落ち込みますように」（八節）

ということです。あるいは、詩篇七九篇一二節にはこうあります。

「主よ　あなたをそしった　そのそしりの七倍を
　私たちの隣人らの胸に返してください。」

　このような報復の原則は聖書中ほかにも数多く見られます。その場合、人は自分の行った悪の実を自ら刈り取ることになると言えます。[*6] 箴言二六章二七節に、

「穴を掘る者は、自分がその穴に陥り、
　石を転がす者は、自分の上にそれを転がす」

とあるとおりです。
　三番目に、詩篇作者が敵の攻撃を受けるのは、神を信じる信仰のゆえであることがあります。詩篇六九篇で作者は敵にそしられますが、それは「あなたのことで」（七節）、すなわち神のゆえに嘲られているのです。また、作者は自分の家族から疎外されます。

「それは　あなたの家を思う熱心が
　私を食い尽くし
　あなたを嘲る者たちの嘲りが
　私に降りかかったからです」（九節）。

ここには、のろいの祈りを神学的に理解するうえでヒントがあるように思われます。すなわち、報復を求めて祈るとき、作者はいわば神と心を一つにし、神の側に立っているということです。このような神への忠実さが作者のことばを激しいものにします。神が正しいことを行ってくださらなければならないと信じるからです。同時に、このような信仰のゆえの迫害だからこそ、それに耐える力が彼に与えられていると考えることもできます。信仰者は神を愛するからこそ、敵の攻撃に忍耐することができるのです。

のろいの祈りの解釈

1　誇張法

では、このような報復を求める激しい祈りを私たちはどのように解釈すればよいのでしょうか。いくつかの解釈の方法があります。[*7] まず初めに、このような表現には誇張や比喩が含まれているということです。これは明らかなことでしょう。詩には詩的な表現が多用されます。それは、詩そのものが持っている性質です。ですから、誇張法やメタファーが用いられているときには、そのように理解されるべきであって、文字どおりの事実を描いたものと理解されるべきではありません。

しかしながら、それ自体は確かなことですが、だからといって、のろいの祈りはすべて比喩的なものであり、現実ではないとすることはできないでしょう。メタファーとは目に見える現実に根ざしたきわめて具体的な表現であり、いわゆる「霊的な」解釈によって、現実を割り引いて考えてよいことにはなりません。のろいを祈るとき、作者は実際に敵にわざわいが下ること、恥や死さえも求めて、祈っているのです。

2 旧約聖書の道徳は新約聖書に劣る

では、旧約聖書の道徳は新約聖書に劣るということでしょうか。その場合、申命記一九章一六—二一節、「目には目を、歯には歯を」の道徳は、イエスの山上の説教、「悪い者に手向かってはいけません。あなたの右の頬を打つ者には左の頬も向けなさい」(マタイ五・三九)より低い水準にあるということになります。この理解は、聖書の理解を時代ごとに区切る考え方とうまく調和するかもしれません。

しかし、旧約聖書と新約聖書に二つの異なる、しかも対立する倫理体系があるとは思えません。イエスが山上の説教で律法を解き明かしたとき、それは律法の初めからの意図を解き明かしているのであって、新しい意味を付加したのではないでしょう。事実、旧約聖書においても隣人愛は教えられており(レビ一九・一八)、たとえ「あなたの敵」や「あなたを憎んでいる者」であっても、公平に取り扱うべきことは律法にも教えられていることです(たとえば、出エジプト二三・四—五)。私たちは旧新約聖書の両方において同じ神のことばを聞いています。

3　罪と罪人を区別する

こうした解釈に対して、罪と罪人とを区別するという解釈の仕方があります。詩篇作者の憎しみは憎むべき性質を持った罪に対するものであり、罪人の人格に向けられたものではないとするものです。この場合、詩篇作者もまたあらゆる信者も、求めるのは神の正義の実現であって、個人の復讐ではないとされます。

この理解は、ある程度の説得力を持つと言えるかもしれません。しかしブロック(Bullock)は、罪の性質に対する憎しみと罪人に対する憎しみとを分離するのは容易でないことを鋭く指摘しています。[*8] 私たちは両者を一緒くたにしており、どこで片方が終わり、どこからもう片方が始まるかをそう簡単に区別することはできません。加えて、この解釈法に、もしも神のことばである聖書の正当性を守ろうとするあまり、詩篇テキストそのものが主張していることを割り引いて読んでしまっている要素があるとすれば、それも公正なことには思えません。

4　将来的な預言／メシアニック

ブロックが著書の中で将来的な預言として取り上げているのは、のろいの祈りの不快さのあまりに、これを詩篇作者の個人的な状況や歴史的な文脈からは切り離して、ある種の典型的なフォームを祈っているのだと考える理解です。この場合、のろいは悪しき者にわざわいが下ることを求める個人的な祈りというよりは、将来的なさばきのことを預言(prediction)しているのだということになります。しかし、それでは、個々の詩篇の歴史性や個人的な性格を無視することになりますから、支持することはできません。

しかしながら、オリジナルの歴史的な状況は維持したままで、それと同時に将来的な預言(prophecy)になっている詩篇は確かにあります。たとえば、イエスは人々が自分を憎むことについて詩篇を引用されました。ヨハネの福音書一五章二五節にこうあります。

「これは、『彼らはゆえもなくわたしを憎んだ』と、彼らの律法に書かれていることばが成就するためです。」

イエスはここで詩篇三五篇一九節と六九篇四節を引用していますが、それがメシアであるご自分において成就したことを明らかにしておられます。

また、使徒の働き一章二〇節でも、ユダの死とその後の使徒職の継承について、ペテロは詩篇を引用しながら、その成就として考えています。

「詩篇にはこう書いてあります。

『彼の宿営が荒れ果て、

そこから住む者が絶えますように。』

また、

『彼の務めは、ほかの人が取るように。』

二つの引用は、詩篇六九篇二五節と一〇九篇八節であり、いずれものろいの祈りです。ペテロが、イエスを裏切ったユダについてこれらの詩篇の祈りを引用したということは、新約聖書の時代にこれらが神のさばきを表す預言のことばとして理解されていたことを示しています。

5　神の義の実現を求める祈り

のろいの詩篇の解釈について、最後にご紹介したいのは、それが神の義の実現を求める祈りとして理解できることです。すでに述べたように、のろいの祈りの中には、ことばそのものは現代のクリスチャンが祈るにはふさわしくないものがありますが、神の義の実現を求める思想自体は今日でも支持され得るのではないかというものです。義や公正さは神のご性質ですから、世に対する神の支配や主権を認めるクリスチャンにとって、それを求めることは正しく、理にかなったことです。祈るということは、神の義が実現されていない現実があるということです。その現実に憤って、詩篇作者は神の介入を求めて祈ります。確かに、祈りの表現や内容には時代的・文化的なギャップがあり、今日そのとおりのことばで祈ることはできないとしても、神は詩篇作者を通して私たちに重要な視点を与えてくださっているのではないでしょうか。すなわち、神の介入を求める必要がある現実に私たちの目を向けさせ、また、私たちが正義を求めて祈るべきことを教えてくださっているように思われます。

このことに関連して、詩篇作者はのろいの祈りにあっても神への信頼を揺らぐことなく抱いていることを指摘しておきたいと思います。たとえば詩篇一〇九篇では、非常に長くのろいの祈りが続きます（六—二〇節）。しかしその中にあっても、作者は「御名のために」みわざが行われることを求め、「御恵みのすばらしさのゆえに」救いを求めます（二一節）。二六節でも救いを求めますが、それも「あなたの恵みによって」です。二一節、二六節ともに、「恵み」とあるのはヘセドというヘブル語であり、契約の愛を表すことばです。詩篇作者の人に対する信頼は裏切られているとしても、神とその恵みへの信頼は揺らいでいないのです。作者は自分の怒りの実現を求めているのではなく、神がその恵みにしたがって事をなしてくださることを嘆願しています。

加えて、のろいの祈りには、神への呼びかけが多く見られることや、[*9] そもそも命令形や jussive（三人称の間接命令）の使用は神への嘆願を表すものであること、ほかにも、神への依存が表されることは多いことを挙げることができるでしょう（詩篇一七・一三、五九・一一、六九・二四）。要するに、作者は個人的な憤りに基づいてさばきを願い求めているのではなく、神の義が実現されることを願い求めているのです。もしも自分の願いの実現を求めてそのために神を利用するならば、それはもはや祈りではなく、呪術や魔術の類と言わなければなりません。しかし、詩篇作者は神の義を愛し、それがなされることを求めているのだとすれば、そのような祈りは今日でも理解可能なものに思われます。

詩篇八三篇の考察

前提的な考察が長くなってしまいましたが、それでは具体的な例として、詩篇八三篇を考えてみたいと思います。

表題については割愛します。アウトラインとしては、この詩篇は大きく前半と後半の二つに分けることができます。前半一―八節では、敵についての訴えがなされており、後半九―一八節は敵に対するさばきを求める嘆願になっています。

一―八節　敵についての訴え

【一節】

「神よ 沈黙していないでください。
黙っていないでください。

神よ 黙り続けないでください。」

一節は、新改訳2017で二行目と三行目になっている部分がヘブル語の原文では一行で記されており、したがって全体が二行詩になっています。原文ではマケーフで結ばれた語のユニットが五つあるのですが、特徴的なことはそのいずれもがアレフ・ラメドという同じ子音で始まることです。ですから、語頭で韻を踏んでいると言うことができます（頭韻法 alliteration）。また、新改訳では三行目の始めにある「神よ」は、原文では三行目の最後にあり、しかも一行目とは違う語が用いられています（一行目はエロヒーム、三行目はエル）。したがって、同じ神への呼びかけでありながら、バリエーションを持たせ、それが全体を挟むような構造をしています。

そしてその間に挟まれた部分には、同じ否定詞アルで始まる否定命令が三つ続きます。「黙っていないでください」という同じような意味の訴えが続きますが、始めの「沈黙していないでください」には前置詞lə（レ）プラス二人称男性単数の代名詞が伴っており、これが訴えの対照である「あなた」すなわち神に焦点を当てる働きをしています。[*10] 二番目の「黙っていないでください」は耳が聞こえないという意味の語、三番目の「黙り続けないでください」は神が静まり安んじているさまを表す語（イザヤ一八・四、六二・一、エゼキエル一六・四二）が用いられていますが、嘆願はそれらを共に否定して、黙って静かにしていないでくださいと強く訴えています。二重にわたる神への呼びかけ、および三重にわたる嘆願、しかも語頭で韻を踏むという修辞的な工夫が、作者の訴えをより力強く印象づけます。

【二─四節】

二節は一節の訴えの理由を記しています。なぜ神に黙っていてほしくないのか、その理由は、「ご覧ください。あなたの敵が騒ぎ立ち　あなたを憎む者どもが頭をもたげて」いるからです。ここでも、「今ここで（here-and-now-ness）」という直接性を表す小辞ヒンネーがあることで、敵の騒ぎ立っていることがより鮮明な事実であることが強調されます。

また、作者は、自分を取り巻く敵を「あなたの敵」すなわち神の敵とし、さらに並行する二行目ではその人たちのことを、「あなた（神）を憎む者ども」と呼んでいます。したがって、作者は敵との関係において神の側に立って、神と心を一つにしていることが分かります。詩篇作者の敵は神を憎む者どもであり、それはとりもなおさず神の敵であるのです。[*11]

三節で敵はイスラエルに対して「悪賢いはかりごとをめぐらし」「悪を企んで」います。作者がここでイスラエルのことを「あなたの民」と呼び、神の契約の民であることを訴え、さらに「あなたにかくまわれている者たち」と言い換えていることには、言外の訴えがあるでしょう。詩篇二七篇五節、三一篇二一節にも同様の用例がありますが、イスラエルが

「神にかくまわれている者たち」であるということは、当然神が危険や攻撃から守ってくださらなければならないというリクエストが示唆されています。

四節で敵どものことばが挿入されます。これは一二節と対応しているものです。「消し去って」とは、人々を根絶やしにして全く消滅させる意味です。彼らは神の民イスラエルに対する敵意に満ちており、きわめて暴力的な意思を持っていることがわかります。

【五―八節】

そうして五節から、イスラエルに敵対的な盟約を結んだ民族の名前が八節まで具体的に並べられます。全部で一〇の民族ないし国名が挙げられています。ここでその一つひとつを解説することは省きますが、諸国は、(大まかにであり正確にではありませんが)イスラエルの南から始まってヨルダンの川向こうを北に向かって巡り、ゲバルから再び南下してペリシテというように、環状に言及されているように思われます。また、特定の民族名が挙げられていることから特定の歴史的状況を想定する試みもありますが、(たとえば、歴代誌第二の二〇章のヨシャファテ王の戦い)しかし、列挙されている一〇の民族ないし国家が一度にイスラエルを取り囲んだことは歴史的に想定しづらく、また聖書中にもそのような出来事は記されていません。したがって、これらは伝統的で典型的な敵対する人々が挙げられているものと思われます。

以上一—八節までをまとめます。詩篇作者は、このように、敵どもが盟約を結んでイスラエルを敵対的に取り囲んで、騒ぎ立っているのだと言います。彼らはもちろんイスラエルの敵ですが、「あなたの敵」「あなたを憎む者ども」であり、したがって神に逆らっている人々です。これに対してイスラエルは「あなたの民」、「あなたにかくまわれている者たち」です。神の民が窮地に立たされているのは、神の支配する世界において正しいことではありません。義なる神は、正しいことを行ってくださらなければならないからです。ですから、作者は神が静かにしておられる現状を否定して、「黙っていないでください」と強く訴えます。そして、神の義が実現されるために、さばきを嘆願していきます。その訴えが後半九—一八節です。

九—一八節　さばきを求める嘆願

【九—一二節】
さばきを求める嘆願は二つの部分に分けられます。前半は九—一二節で、歴史上の事件に訴えて敵の滅びることを求めます。後半は一三—一六節で自然の事物を用いた比喩表現で敵の壊滅を願います。

「9 どうか彼らを ミディアンや キション川での
シセラとヤビンのようにしてください。
10 エン・ドルで滅ぼし尽くされ
土地の肥やしとなった者たちのように。
11 彼らの貴族たちを オレブとゼエブのようにし
彼らの君主たちをみな
ゼバフとツァルムナのようにしてください。
12 彼らは言っています。
『神の牧場を奪って われわれのものとしよう。』」

九—一二節は士師記にある二つの歴史的勝利に言及しています。一つは士師記四—五章にある、シセラとヤビンがキション川で女預言者デボラとアビノアムの子バラク（ヘブル一一・三二参照）によって討たれた出来事です。へベルの妻ヤエルが、眠っているシセラのこめかみに杭を打ち込んで殺したという凄惨な事件によってよく記憶されている戦いでしょう。

もう一つは士師記七—八章にあるギデオンによるミディアン人との戦いにおける勝利です。一一節の「オレブとゼエブ」はミディアン人の首長で、ギデオンの指示によってエフライム人に殺され、ギデオンは彼らの首を得ました（士師七・二五）。同じく一一節の「ゼバフとツァルムナ」はミディアン人の王で、やはりギデオンによって討たれました（同八・五、一二、二一）。

九―一二節は二つの別々の戦いが記されているのですが、それらはＡＢＡ′という“envelope structure”「封筒構造」と言われる構造で一体的に結び合わされて書かれています。かぎになるのは地名です。九節は直訳すると次のようになります。

「どうか彼らをミディアンのようにしてください。

キション川でのシセラのように　ヤビンのように。」

九節ａの「ミディアン」はヨルダン川の東または南東の砂漠地帯あるいはアラビア半島北西部の地域です。これに対して、九節ｂのシセラとヤビンが討たれた「キション川」は、サマリア北方のギルボア山を水源としてカルメル山の北で地中海に注いでいる川です。ヤビンが治めていたハツォルもガリラヤ湖の北であり、要するにミディアンとは場所が合いません。そこで、注解者らによって九節ａの「ミディアン」を一〇節の冒頭に移してしまう提案がなされています。[*12]

しかしながら、九節ａの「ミディアン」は、むしろ一一節と対応し、ギデオンの戦いに言及しているのだと思われます。ギデオンが戦った相手はミディアン人でした。ミディアン人に対するギデオンの勝利が九節ａと一一節で言及され、これをＡとＡ′とすると、これに挟まれる九節ｂと一〇節はデボラとバラクによるシセラとヤビンに対する勝利のことを言っており、これがBです。

さらに興味深いのは一〇節aの町「エン・ドル」です。エン・ドルはサマリア北方のタボル山に近いマナセ族の町です（ヨシュア一七・一一、Iサムエル二八・七）。デボラとバラクがシセラとヤビンを討ったキション川に近いところにあります。ところが同時に、士師記七—八章のギデオンの戦いでミディアン人が陣を張った「モレの丘に沿った平地」（士師七・一）も、エン・ドルに非常に近いのです。

したがって、二つの戦いはABA′構造で書かれているとともに、詩篇作者はその間にある一〇節でエン・ドルに言及することによって、読者ないし聴衆に二つの戦いが地理的に近いことを思い起こさせ、両者をより密接に結びつけて語っているのです。*13

ところで、どうして作者はこの二つの戦いに言及したのでしょうか。それはおそらくこの人物たちの死に方が悲惨なものであることに起因すると考えられます。シセラの死に方は前述のとおりです。オレブは「オレブの岩」で殺され、ゼエブは「ゼエブのぶどうの踏み場」で殺され、斬首されました（同七・二五）。ゼバフとツァルムナは、ギデオンが自分の長男に殺させようとしましたが、若者は恐ろしくて剣を抜くことができず、結局ゼバフとツァルムナに促されてギデオン自身が殺しました（同八・二〇—二一）。彼らに共通しているのは、殺され方が印象的であり、かつ詳細に描かれていることです。また、イスラエルの敵として惨殺されています。それは敵に対するわざわいを求めるために引き合いに出す歴史的事件としては、格好のものだったのです。

次に、一三―一六節は豊かな比喩表現、それも自然の事物にたとえることによって、敵の一掃を求めます。

【一三―一六節】

まず一三節では、敵を「風の前に吹き転がされる藁のようにしてください」と祈ります。一三節には前置詞kə（ケ）「のように」が二つあります。新改訳は第三版では二つ「のように」が繰り返されていましたが、新改訳2017で改められました。これは、二つのkə+名詞、すなわちカ・ガルガル「転がるもののように」とケ・カシュ「藁のように」をヘンディアディス（二詞一意）のように理解したと思われます。すなわち、二つの比喩表現があるのではなく、一つの比喩が二つに分けて表現されているというものです。たしかに並行する二行の詩文をverticalに（垂直的に）理解するならば、動詞「～してください」や前置詞句「風の前に」は二つの行にわたって機能すると考えられなければなりません。

しかしながら、その一方で、二つのkəがあるにもかかわらず、それが一つにまとめられてしまったことで、二つのkə＋名詞があることが結果的に日本語訳からは見えなくなってしまいました。詩篇作者が表現を二度繰り返していることからすれば、「神よ 彼らを風の前に吹き転がされるもののように、／藁のように してください」としてもよかったたかもしれません。[14]

もう一つの直喩は「藁」です。これも風などによって散らされる、軽くて頼りにならないものの代表的な事物です。火によって焼き尽くされる用例もあり、このことは一四節に繋がっていると思われます。そして、「藁」のような空しいものにたとえるのは、のろいに用いられる典型的なパターンの一つです。[15]

次に一四―一五節では「林を燃やす火のように」「山々を焼き尽くす炎のように」「そのようにあなたの疾風で彼らを追い」とあり、やはり「のように、のように、そのように」kə-、kə-＋kēn（ケーン）という対応があります。前置詞kə「のように」を多用することで、作者は豊かな比喩的イメージを読者ないし聴衆に膨らませていきます。

ただし、二つのkə＋kēnの対応関係は単純ではありません。二つのkəは共に火ないし炎をイメージしていますが、kēnが指し示すのは「疾風《はやて》」または「嵐」です。これは両者が相伴って、大風に煽られた激しい炎を表すのだと思われます。風に煽られた火が林の木々や山々を舐め尽くすさまに訴えて、そのように神が敵どもを一掃してくださるようにという願いです。作者が、容赦のないさばきを求めていることが分かります。

そして一六節です。

「彼らの顔を恥で満たしてください。
主よ　彼らが御名を捜し回りますように。」

一六節は一行目と二行目の関係に議論があります。一六節bについて岩波訳注は「前行までおよび次節と矛盾しており、おそらく別人の加筆であろう」としています。[*16]

しかしながら、一行目の命令形「満たしてください」を受けて、ヴィーバクシュ、「彼らは求めるだろう」は接続詞ワウ＋未完了形という連鎖を構成しており、目的ないし結果を表すものと考えられます。[*17] ＮＩＶ二〇一一年版はこの理解に立っており、当該部分を“so that”で訳します。“Cover their faces with shame, LORD, /so that they will seek your name.”この理解に立てば、詩篇作者がわざわいを求めてきたのろいの究極の目的は、敵どもが主こそが神であることを知り、立ち返って、御名を求めるようになることであると考えられます。

この理解の問題点は次の一七節と合わないように思われることです。一七節は再び敵に対するさばきを求めているので、一六節bで彼らが「御名を求める」ようになることを願いながら、再びさばきを求めるのは矛盾するからです。

新改訳２０１７はこの点を考慮し、「彼らが御名を捜し回りますように」としたのかもしれません。「捜し回る」は上述の「御名を求める」というような積極的な意味ではなく、彼らのさばきを求める否定的な祈りが続いているという理解でしょう。その場合、文法的にはヴィーバクシュをワウ＋ jussive と理解するのだと思われます。

しかしながら、一六節bは、やはり目的ないし結果を表す意味ではないかと思われます。

というのは、動詞バーカシュ「求める」が目的語に「御名」をとるのは当該箇所のみですが、しかし「主」YHWHを目的語とする場合「主を慕い求める」とされますし（詩篇一〇五・三、I歴代一六・一〇）、また主の「顔」を目的語とする用例は多くありますが、そのいずれも「御顔／わたしの顔を慕い求める」と訳されます。[*18] バーカシュの分詞に主を意味する二人称男性単数の代名詞語尾が伴う場合も、「あなたを慕い求める人たち」です。つまり、訳語はどうあれ、いずれも「求める、慕い求める」といった肯定的に主を求める意味で使用されるのです。

とすれば、一六節bも同様に肯定的な意味で「御名を求める」の意味であり、シンタックスも前述の目的を表す理解でよいのではないかと考えられます。このことは諸翻訳（ESV、NASB、JPS、NET）および注解者の理解とも一致します（テート〔Tate〕、クラウス〔Kraus〕、ロングマン〔Longman〕、キドナー〔Kidner〕）。

【一七—一八節】

さて、そうすると課題として残るのは一七節をどう理解するかです。一七—一八節を見てみましょう。

「彼らが いつまでも
恥を見て 恐れおののきますように。

辱めを受けて滅びますように。
こうして彼らが知りますように。
その名が主であるあなただけが
全地の上におられる いと高き方であることを。」

一六節bが肯定的な意味で「御名を求める」ことを目的としているとすれば、一七節で再び厳しいさばきを求めることは、文脈の流れをちぐはぐにするように思われます。一七節は間接命令が四回続きます。「恥を見るように、恐れおののくように、辱めをうけるように、滅びるように。」ヘブル語では簡潔な表現で、パンチの効いた願いが繰り返されます。恥あるいは辱めとは、悪を企み、神の民に敵対したことに対する神罰の一つです。それまで頼りにしていたものが実は役に立たないことが明らかになり、その人の生き方そのものが崩壊するようなことです（ミカ三・七参照）。日本人的ないわゆる「恥をかく」よりも深刻な事態を表すと言えます。

一六節bがさばきによる肯定的な結果を願っていたとすれば、このような内容の一七節をどのように考えたらよいでしょうか。NETという英訳聖書の注釈（NET Notes）は以下のような二つの選択肢を想定します。⑴一七節の用語の使い方はさばきの効果のために誇張されている。⑵一六節bは理想を表していたが、一七―一八節の強烈なのろいは現実を予期していた。もしも敗れた国々が本当に神との関係を求めるようになったなら幸いだが、仮にさばきによってそのような結果が得られなかったなら、彼らが辱められてその結果としてせめて神の力を知らしめられることを作者は願っている。

もちろんこのように考えることもできますが、一七節は次の一八節とともに、一六節前後半の内容をもう一度繰り返し、さらに拡大しているのではないでしょうか。一六節は一行目が命令形で敵どもの恥を求め、二行目はその結果として彼らが御名を求めるようになることを願っていました。同じように、否、それをさらに拡大して、一七節は四つの間接命令でやはり敵の恥と滅びを願っていましたが、一八節はその結果として彼らが主なる神を知るようになることを求めているのだと思われます。

なぜなら、一八節冒頭は、一六節bと同様に、ワウ+未完了形で始まっており、やはり目的ないし結果を表す構文をしているからです。形の上で一六節前後半と一七―一八節には並行した関係があります。また、一六節bにも一八節にも「御名」への言及があります。さらに、この詩篇の中で「主」YHWHへの言及があるのもこの二か所のみです。

このようにして、一七―一八節はこの詩篇の最後の結論部として、神が敵にわざわいを下すことの最終的な目的を明らかにしているのだと思われます。それは神に敵対する者たちがYHWHと呼ばれる主こそがいと高きまことの神であることを知り、その御名を恐れるようになることです。のろいと呼ばれる祈りが究極的に目的としていたことは、神の敵が主を知り御名を求めるようになることであり、彼らが主なる神のみが全世界において力と栄光を持つ方であることを知らしめられることでした。[*19] とすれば、のろいの祈りは、聖書の他の祈りと比べて、ことさらに違和感を覚えさせるようなものではなく、すべての祈りが共通して持つような目的を共有していると言えるかもしれません。

結論

のろいの祈りと呼ばれるものには、今日私たちが文字どおりそのまま祈ることはできないものがあります。それは歴史的あるいは文化的なギャップのゆえでしょう。しかしながら、こうした祈りに含まれている神の義の実現を求める思想そのものには、今日でも適用可能なものがあるのではないでしょうか。神の人は神の御思いを共有するということを、このような詩篇によっても教えられるように思います。個人的なことでも、そうでなくても、神の義を愛することにはある種のさばきを求める性質があるのかもしれません。

留意すべき大事なことは、信仰者はこれらの祈りによって、自分の願うさばきを実現させるために神を利用するのではなく、神と心を一つにして神の側に立つ人として、自らの怒りを神に託すのだということです。恵みの神は信仰者に善をしてくださらなければなりません。しかしそのために神がどのように行動なさるかは神がお決めになることです。激しいことばで思いを訴えることによって怒りを神にゆだねる行為が、このような祈りなのではないでしょうか。それは、ローマ人への手紙一二章一九節に記されていることです。こう書かれているからです。

「愛する者たち、自分で復讐してはいけません。神の怒りにゆだねなさい。

『復讐はわたしのもの。

わたしが報復する。』

主はそう言われます。」

用語の問題に関して言えば、人間が人間をのろう場合はともかくとして、このような祈りの場合には、漢字を使う「呪い」は呪術ないし呪文を想起させるので不適切に思われます。むしろ、のろいではなく、このような祈りを怒りの祈り、あるいは怒りを託す祈りと言うことができるかもしれません。

C・S・ルイスは『詩篇を考える』の中で、「それゆえ、怒りの欠如、とりわけわたしたちが義憤と呼ぶような怒りの欠如は、わたしの考えでは、きわめて危険な徴候たりうる」と言っています。ユダヤ人ののろいは「少なくとも一つには、彼らが正邪というものを、いっそう真剣に受けとめたから」であり、彼らが怒るのは一般に「これらのことが自分に対してなされたからというだけでなくて、これらのことが歴然たる不正であり、その被害者にとってと同様、神にとっても憎むべきものだからだと、いうことが分かるためである。必ずや彼らに劣らず、こうした行為を憎まれるはずの、それゆえ必ずや『裁き』を、あるいは報復をなされるはずの……『義なる神』という考えが、たとえ前面には出てはいないにせよ、常に存在する」。

もっともルイスは、このような「よりよき徴候」が「さらに怖るべき罪へといざなう」ものであることも指摘しています。それは、人が自らの最悪の情念を聖なるものだと考えるように励ますものでもあるからです。神により近いということは、善悪両者の新たな可能性を開きます。すなわち、「一つは、浄めと愛とつつしみへの道、一つは、傲慢と独善と迫害の情熱とに至る道」です。[*20] これもまた重要な指摘であり、のろいや怒りを安易に受け止めてしまうことのないように、私たちは注意しなければなりません。

しかしながら一方で、このような祈りが聖書に記されていることは、祈る者にとって別の意味があることにも触れておきたいと思います。それは、たとえば非常な悲惨を体験した人は、このような詩篇によって祈りのことばを得ることができるということです。人間の慰めのことばでは間に合わないような悲惨な窮地に陥っている人は、このような祈りを祈ることによって、憤りを神に任せる道が開かれるのではないでしょうか。神が報いてくださることへの信頼を得て、どうしようもない怒りを神に託せるならば、このような祈りが詩篇にあることは私たちにとって意味のあることだと言えるように思います。

冒頭でカルヴァンを引用しながら詩篇が「魂の解剖図」あるいは「鏡」であることを考えましたが、賛美にしても、のろいにしても、聖書は私たち人間を私たち以上によく知っています。詩篇から祈りを考えるとき、まだまだ多くの示唆や気づきを与えられるように思います。

注

1 カルヴァン『旧約聖書註解 詩篇Ⅰ』新教出版社、一九七〇年、六頁。
2 津村俊夫「古代オリエントの表題付きの詩歌」*Exegetica* 3、一九九二年、二頁。
3 P. C. Craigie, *Psalms 1-50* (WBC, Zondervan, 2004), p. 107.
4 新改訳第三版は「何者」だったが、原文は mî（ミー）ではなく māh（マー）なので、新改訳2017のように「何もの」がよいだろう。
5 のろいの祈りを含む詩篇――詩篇五、六、一〇、一七、三五、五八、五九、六九、七〇、七九、八三、一〇九、一二九、一三七、一三九、一四〇、一四一篇。
6 詩篇五・一〇、三五・七―八、七九・一二、一〇九・一七―二〇、一三七・八、一四〇・九、一四一・九―一〇、箴言二六・二七、二八・二〇。またエステル記はその全体が、ハマンがモルデカイとユダヤ人に図った悪がことごとく彼と彼の家族に返ってくるストーリーであると言うことができよう。
7 C. H. Bullock, *Encountering the Book of the Psalms* (Baker Academics, 2001), pp.

228–232を参考にしている。

8　Ibid., p. 232.

9　詩篇五・一〇、一七・一三、三五・一〇、五六・七、五八・六、五九・一一、七九・一二、一三九・一九、二一。

10　セントリペタル・ラメドと呼ばれる（JM §133dN）。

11　ちなみに、ここでも修辞的なことば遊び（ワード・プレイ）が見られる。「憎む」サーネーと「もたげる」ナーサーは、もちろん違う語だが、同じ三つの子音（ヌン、シン、アレフ）が順序を変えて並べられている。同じ子音が使われていることから、音韻的にも近いと言うことができる。

12　たとえばKraus, *Psalms 60–150* (Augsburg, Fortress, 1989), p. 160. ほかにＢＨＳアパラタスや、グンケル（Gunkel）らも同様である。

13　M. E. Tate, *Psalms 51–100* (WBC, Word, 1990), p. 344参照。

14　ガルガルの語根GLL「転がす」は、ここでは名詞として使用されている――「転がるもの、車輪」。これは、二行目のカシュ「藁」と対応する。第三版はガルガルについて、枯れあざみの萼が車輪の形に似ていることから、そのメタファーと理解して「枯れあざみ」を補っていた。そのように補う必要はないが、GLLの名詞形であるから「転がるもの」であり、前後の文脈からは「転がされるもの」と名詞にして訳出すればよいと思われる。

15　詩篇三五・五、「彼らを風の前の籾殻のようにし（ケ・モーツ）主の使いが追い散らすようにしてください」。詩篇一二九・六—七、「彼らは 伸びないうちに枯れる 屋根の草のように（カ・ハツィール・ガゴット）なれ。／そのようなものを刈り取る者はつかまず 束ねる者も抱えることはない。」

16　グンケル（とシュミット）はšimḵā（シムハー）をšəlôməḵā（シェローメハー）と本文修正することを提案し、“that they may seek peace with you”と読む。ダフードはwîḇaqšû（ヴィーバクシュー）のワウをšimḵā（シムハー）につけて、wiḇaqqēš ūšimḵā（ヴィバッケーシュ・ウーシムハー）と読み、動詞バーカシュをjussiveで「復讐する」の意味ととり、“and let your name, Yahweh, avenge itself”と訳す。Dahood, *Psalms II 51–100* (AB, Doubleday, 1968), pp. 273, 277.

17　T. O. Lambdin, *Introduction to Biblical Hebrew* (Prentice Hall, 1971), §107.

18　Ⅱサムエル二一・一、ホセア五・一五、詩篇二四・六、二七・八、一〇五・四、Ⅰ歴代一六・一一、Ⅱ歴代七・一四。

19　詩篇五九・一三にも同様の祈りがある。「憤りをもって滅ぼし尽くしてください。／滅ぼし尽くしてください。彼らがいなくなるまで。／神が地の果てまでも ヤコブを治められることを／彼らが知るようにしてください。」 ここでも命令形＋ワウ＋未完了形が用いられている。

20　C・S・ルイス『詩篇を考える』新教出版社、一九七六年、四二—四四頁。

死者への祈り――イザヤ書一九章一―四節

田村　将

「死者」に祈りをささげるということは、言うまでもなく祈りの究極的に間違った姿です。しかし注意していないと、そのような過ちに陥る危険性がキリスト者にもあるのではないかと思います。古代の異教社会で行われていた「死者への祈り」とはどのようなものだったのでしょうか。また、古代社会における「死者の霊」とはどのような存在と理解されていたのでしょうか。人々はどのようにそれらの霊と向き合い、それらのものに伺いを立てるまでに至ってしまったのでしょうか。本稿ではイザヤ書一九章一―四節の釈義を中心としてこれらの問いを考えます。合わせて、このような間違った祈りの姿から見えてくるものとは何であるのか、ということを考えたいと思います。そして最後に、その現代的（日本的）危険性とは何か、キリスト者の祈りにおける死者への正しい認識とは何であるのか、ということをも付記として加えておきたいと思います。

当該箇所の文脈

まず、イザヤ書一九章一―四節の文脈的位置づけを考察します。この箇所は、主からの諸国民への宣告における、クシュとエジプトに対する宣告を扱う箇所（イザヤ一八・一―二〇・六）の中に位置づけられます。そのうち、エジプトに対する宣告は三段階に分類され、それぞれ、①エジプトの凋落（イザヤ一九・一―一五）、②さばきの後にイスラエルの主に立ち返るエジプト（イザヤ一九・一六―二五）、③再び現在のエジプトの状況とさばき（イザヤ二〇・一―六）について語られています。そしてエジプトの凋落（イザヤ一九・一―一五）の段は、さらに三つに分類され、そこではそれぞれエジプト人が拠り頼んでいるものが語られています。すなわち、エジプトの神々（イザヤ一九・一―四）、ナイル川（イザヤ一九・五―一〇）、知恵（イザヤ一九・一一―一五）です。[*1]

本稿で取り扱うイザヤ書一九章一―四節は、エジプトが苦難の中で寄りすがった対象であるエジプトの神々について述べています。しかし、それは神々ということばでまとめられていますが、実態はむしろ後で詳述するように霊媒や死者に関わる行為であったと言うことができます。三節では「わたしがその計画をかき乱す」と述べられており、エジプトが混乱状態に陥れられている状況が示唆されています。思い乱れ、助けを必要とした際にエジプトが望みを見出そうとしたのが、死者の霊を頼みとすることでした。彼らは危機の時代に、死者の霊に伺いを立て、霊媒や口寄せに頼って難を逃れる術を得ようと模索したのです。

1　イザヤ書一九章一―四節の構造

当該箇所は次のような詩文構造を有しています。[*2] まず、全体は二つの連（stanza）から構成され、それぞれ連Ⅰに一〇行（一、二節）、連Ⅱに七行（三、四節）という割り当てになっています。二節および三節には表形式（list）の記述が見られ、そこでは次のような「性による統語」（Gender-pattern）が見られます。

彼らは争い合う――兄弟は兄弟と、　m.―m.
友人は友人と、　m.―m.
町は町と、　f.―f.
王国は王国と。　f.―f.

ここに認められるメリスムス（merismus 両極端のことを置くことで全体を表すヘブル語の表現方法）（m.—f.）によって争いの範囲（すべてのものが争い合っている様相）と、同族同士のいがみ合いの様子が描写されています。J・ニーハウス（J. Niehaus）は、このような同族内の争いはエジプトにおいては珍しいことではないと述べています。それはピラミッド文書やエジプトの年代記、王家の埋葬文書などに見られ、そのような内部抗争が起こる主たる原因は、属国（vassal）による宗主国（suzerain）への反抗か、国家元首の統率力の減退にあると彼は述べています。*3

このようなジェンダー（性）による統制は一節の「偽りの神々」と「心」（m.—m.）、三節の「霊」と「計画」（f.—f.）との間にも見られます。エジプト人の心は偽りの神々に結びつけられており、彼らの霊は自らの計画を拠り所としていました。主は、これらのエジプト人の頼りとしているものを挫かれるのです。

構造上の特徴として、さらに、「エジプト」という言葉が六回も用いられている点があげられます（一、二節に四回、三、四節に二回）。このことは、この箇所が一節冒頭に見られるようにエジプトに対する宣告を扱っていることから容易に説明がつきます。当然のこととして、エジプトへのさばきがここでは強調されているのです。このような用語の繰り返しは、四節の「主人」と「主」との間にも見られるし、一節と三節の「偽りの神々」においても見出されます。

これらに加えて、全体が三行詩で始まり、また終わっているという点も指摘できます。また、一節の「心」と三節の「霊」はワードペアであり、異なる二つの連（一、二節と三、四節）を距離を跨いで結びつけています（distant parallelism）。

2　各用語の整理

本稿で特に注目するイザヤ書一九章三節には、鍵となる四つの用語が用いられています——偽りの神々、死霊、霊媒、口寄せ。それらを概観して後に、本文で「死霊」と訳されている *ʾiṭṭîm*（イッティーム）に特に注目して見てまいりましょう。

(1)「偽りの神々」*ʾĕlîlîm*（エリーリーム）

ʾĕlîlîm（エリーリーム）は本稿の箇所では「偽りの神々」と訳されています。ヘブル語聖書での基本的な意味は、「異教の神々」であり、その意味で用いられる場合には実態のない存在として侮蔑的な評価がそこに加味されています（たとえばハバクク二・一八では「もの言わぬ偽りの神々」と揶揄されています。語源的にはアッカド語の *ulālu*（ウラール）〝力なきもの〟等が想定されています）[*4]。上述のとおり、この語だけは当該箇所（イザヤ一九・一—四）において二度用いられており、連（stanza）Ⅰと連Ⅱを思想的に関連づける役割

を果たしています。そのことから言えることは、エジプト人が卜占や口寄せに頼ったその行為が、本質的には「偽りの神々」を求めることであったことを示唆しているということです。このことは、死んだ先祖が神となる、という思想と結びついている可能性も否定はできません。

(2)「霊媒」*ʾôḇ*（オーブ）

「霊媒」と訳されていますが、この語は死者の霊そのものを指すこともあり（イザヤ二九・四等）[*5]、しばしば「口寄せ」*yiddĕʿōnî*（イッデオニー）とともに用いられます[*6]。霊媒はイスラエルにおいては固く禁じられていた行為でした（レビ二〇・二七、申命一八・一一、Iサムエル二八・三、九等）。語源をめぐっては様々な見解があり、H・A・ホフナー（H. A. Hoffner）はヒッタイト語で死者との対話のために用いられる「穴」（pit）を指す *a-a-p/bi* との関連を指摘しています（彼はまたアッカド語の *apu*〔アプ〕[*7]との関連にも言及しています）[*8]。あるいはJ・トロッパー（J. Tropper）はヘブル語 *āb*（アブ）（父）との関連を指摘しながら、これを神格化された先祖の霊であると述べています[*9]。また、ファン・デル・トゥールン（van der Toorn）は、ウガリトなどに登場する *il ib*（イルイブ）を結びつけて考え、同じようにこれを神格化された先祖であるとの見解を示しています[*10]。しかしながら、聖書で*ʾôḇ*（オーブ）への言及がある数少ないケースの中で、特にサムエル記第一、二八章のエン・ドルの霊媒女の箇所では、サウルとは何の縁戚関係にもないサムエルが呼び出されており、このことからしても、*'ôḇ*（オーブ）を神格化された先祖と断定することはできないと言えます。[*11]

(3)「口寄せ」*yiddĕʿōnî*（イッデオニー）

この語は「知る」という意味の動詞*ydʿ*（ヤーダー）から派生したもので、旧約聖書では必ず「霊媒」とともに用いられ、アッカド語の*mūdû(m)*（ムードゥー〔ム〕）（知ること、賢いこと）との関係が指摘されています。[*12] あるいは死者の霊そのもの（familiar spirit）を指すとの意見もありますが、[*13] 上述のようにこの語は絶えず「霊媒」とともに用いられており、そのことからすると、霊そのものというよりも「口寄せ」という役割を担う者のことを述べていると解したほうがよいと言えます。[*14]

(4)「死霊」*'iṭṭîm*（イッティーム）

ヘブル語聖書ではイザヤ書一九章三節でのみ用いられている語（hapax legomena）です。シュメール語のGIDIM（ギディム）（死者の霊）を語源とし、アッカド語の*eṭemmu*（エテッム）(*iṭemmu*〔イテッム〕, *eṭammu*〔エタッム〕)（ghost 死者の霊）を経て*'iṭṭîm*（イッティーム）に至っていると考えられます。[*15] アッカド語*eṭemmu*（エテッム）に関しては、次のような説明がなされることがあります。すなわち、人間の起源について語るアトラハシース叙事詩（I二〇六―二三〇）に登場する *Wê-ilu*（ヴェ・イルー）という神との関係を指摘するものです。この神話によれば、人はこの *Wê-ilu*（ヴェ・イルー）の肉と血、さらに粘土が混ぜ合わさって造られたとされています。この *Wê-ilu*（ヴェ・イルー）なる神は *ṭēmu*（テーム）（理解力・知性）を持つとされていますが、アッカド語で人間は *awīlu*（アウィール）であり、*Wê-ilu*（ヴェ・イルー）との関係がそこに表されていると解することもできます。さらに、人の霊を表す *eṭemmu*（エテッム）は、この *Wê-ilu*（ヴェ・イルー）とその特徴であった *ṭēmu*（テーム）から成る、と説明されることがあります。[*16] この説の妥当性はともかくとしても、*eṭemmu*（エテッム）が人の霊であり、理解力や知性を持つ存在であることを物語っているということは事実であると言えます。この語は、聖書では本稿の箇所しか用例がないため、その意味するところは明確ではありません。しかし、幸いにもアッカド語文献では頻繁にこの語が用いられていますので、そこからヒントを得ることができます。そこで、アッカド語 *eṭemmu*（エテッム）の用法を次のように整理しました。

①古代メソポタミアにおける eṭemmu（エテッム）

まず前提として、古代メソポタミアでは人のいのちは死後も続くと考えられており、親族や友人関係などが墓で途絶えるということはありませんでした。むしろ、生ける者と死せる者は互いに依存し合う関係であると理解されていました。死者の福祉は、生ける者の供養にかかっており、同様に生ける者の福祉も自らが死者に対してなした奉仕や、示した畏敬の念に応じて変わってくるとされていたのです。[*17]

古代メソポタミアにおける死者の霊は、一説によれば影法師のようで、定形を持たない幻影であり、それでいて個人を特定し得る存在であって、現実の物質世界との区別がつきにくいものであると言われています。[*18] 人の死後、残されるのはいのちなき屍と、触れることはできないが可視的・可聴的な「霊」です。亡骸は埋葬されなければならず、さもなければ、死者の霊は休むことができずに、冥府での死者の霊の集いにおいて居場所が見出せなくなるのです。[*19]

②etemmu(エテッム)の基本的性質とは

このような死者の霊が被る不利益などが元になるからか、*etemmu*(エテッム)は常に不満を募らせていると論じられることがあります。そして、すべての死霊は本質的に有害であり、彼らの抱く悪意と死者儀礼の不徹底との関係は立証されていないながらも、このような死者儀礼の存在そのものが、死者の霊の性質が基本的に悪であることを前提にしていると論じられます。[*20]

もちろん、このような見解に対しては、異論も存在しています。ある見方によれば、生ける者と死せる者とのそのような緊張関係は、当初から存在していたわけではないとされます。むしろ、亡くなった「ご先祖」の霊は基本的には穏やかな性質であり、適切な供養と死者儀礼とが行われていさえすれば、先祖の霊とその子孫との友好関係は保たれるはずであると述べられているのです（エジプトの場合は特にそう言えるかもしれません）[*21]。どちらが正しい見解なのでしょうか。次に *eṭemmu*（エテッム）の具体的な用例から考えたいと思います。

③ *Maqlû*（マクルー）における *eṭemmu*（エテッム）の用法

用例の検討にあたって、ここではメソポタミアの魔術文書 *Maqlû*（マクルー）での用法を概観します。*Maqlû*（マクルー）とは、「燃焼」(burning) を意味するアッカド語で、紀元前一千年紀に記された魔術の書です。魔術とはいっても、それは今日的な意味でのオカルト的行為というよりも（そのような要素ももちろん含まれるのですが）むしろ医学や薬学、宗教儀式（厄除け？）に近いものであったと言われています。悪魔払いの祈禱師（exorcist）によって患者から悪しき力を取り去る儀式（counter magic）が行われたのです。この *Maqlû*（マクルー）は呪文を記した八枚からなる粘土板と、その詳細な手順を後記した儀式文書（Ritual Tablet）から構成されています。近年の研究により、粘土版文書八枚にわたる呪文は、個別の機会にではなく、一時に唱えられたことが分かってきています。それは一晩のうちに夜を徹して行われ、その時期は Abu（アブ）の月（現代の七月から八月）の終わりでした。この時に、死者の霊は冥府から戻り、この世との間を行き来すると信じられていたからです。[*22] 本稿において *Maqlû*（マクルー）を参照する理由はまさにここにあります。死者の霊の行き交う季節に行われる魔術儀式において、*eṭemmu*（エテッム）はどのような存在としてとらえられていたのか。それを知ることによって、*eṭemmu*（エテッム）の本質に多少なりとも迫ることができると考えられるのです。

(i) Tablet I *l* 135–140

Maqlû（マクルー）では、*eṭemmu*（エテッム）は計四回用いられていますが、そのうちの一つのケースをここでは特に取り上げたいと思います。[*23]

135 ÉN *anašši dipāru ṣalmīšunu aqallu*

〈呪文──私は松明を掲げて彼らの彫像を燃やす。〉

136 *ša utukku šēdu rābisu* ***eṭemmu***

〈それらは *utukku*（悪鬼）、*šēdu*（霊）、潜む悪霊、**死霊**……〉

137 ᵈ*Lamašti* ᵈ*labāṣi aḫḫāzu*

〈*Lamaštu, labāṣu*（疫病）, *aḫḫāzu*（黄疸）〉

138 *lilû lilītu ardat-lilî*

〈*lilû, lilītu, ardat-lili*〉

139 *u mimma lemnu muṣabbitu amēlūti*

〈そして人を捕えるあらゆる悪〉
140　*ḫūlā zūbā u itattukā*
〈溶けよ、分解せよ、いつまでも滴れ！〉

これは第一粘土板の最後から二番目の呪文の一部です。ここでは*eṭemmu*（エテッム）は悪鬼や悪霊、疫病とともに言及されています。そして一三九行目では、端的に「悪」という名でこれらのものは総称されています。こうして見てみると、*eṭemmu*（エテッム）はこのような文脈では悪しきものであり、人に危害を加える存在として認識されていることが分かります。同様の言及は他の呪術文書（たとえば *Utukkū Lemnūtu*, tablet XII, lines 99-103 など）においても認められます。[*24]

この点は、さらに次のことからも確認できます。すなわち、*eṭemmu*（エテッム）を表す楔形文字（GIDIM）と*utukku*（ウトゥック）（悪霊）を表す楔形文字（UDUG）とが下のように類似している点です。[*25] 差はほんの僅かで、左側にある垂直方向の楔一本分だけです。このことから、悪霊と死霊がほとんど区別なく用いられていたことが分かります。[*26] そのことは、死霊の性質として、元来それは悪であったという見解を支持しているように

eṭemmu	GIDIM	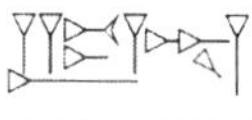
utukku	UDUG	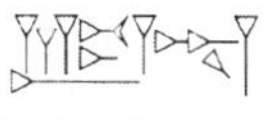

思われます。

ところで、この呪文の具体的な所作は、(蠟の)彫像を硫黄で燃やして松明として掲げ、それが溶けて煙となって立ち昇り、空中に消えていくようにすることです。[*27] この光景は、ギルガメシュ叙事詩において、エンキドゥが焼死していく人に言及するシーンを彷彿とさせます。[*28] 古代メソポタミアにおいて火葬は忌み嫌われていました。それは、火で焼かれることによって、彼らの霊(*eṭemmu*)も焼失すると考えられたからです。霊が焼失すれば、彼らの存在はこの世においてもあの世においても消え去ることになるのです。[*29] このように、この呪術は徹底的に相手を破壊する行為であり、それは *eṭemmu*(エテッム)を悪しき存在と見ていたゆえであると言えるのです。

(ii) 他の箇所での *eṭemmu*(エテッム)への言及

上記以外の三つの箇所(Tablet II: 211; IV: 16–19; V: 62)でも、*eṭemmu*(エテッム)に関する記述が見られます。そこでもやはり、上記の箇所と同様に悪しき存在としての *eṭemmu*(エテッム)が現れていると言えます。*eṭemmu*(エテッム)は、ときに冥府よりこの世に舞い戻り、生ける者に祟るようなことさえあります。特に無残な死に方をした者の *eṭemmu*(エテッム)がそのような行動に出る傾向が強いとされています。[*30] この事実からしてもやはり、*eṭemmu*(エテッム)の悪しき性質が浮き彫りになると言えます。

注目すべきは第四粘土板一六行目の記述です。そこには「私の家族の霊(*eṭem kimtiya*

〔エテム・キムティヤ〕〕」との言及があります。「家族の霊」となると、そこには友愛の情を抱かせる響きがあるように感じられます。そのことから、凶暴で悪しき性質を持つ霊となるのは、ふさわしく埋葬されなかったり、子孫によって適切な *kispu*（キスプ）が行われなかったりした場合に限られるのではないかとする見解もあります。[31] *kispu*（キスプ）(**KI.SÌ.GA**〔キシガ〕）とは、埋葬のささげ物（funerary offering)[32]を指すアッカド語です。それをささげる行為は最低でも月に一度は（あるいは隔月で）新月か満月の際に行われました。[33] 死者の霊には食物と飲物が供えられ、これらの行いは「追想の儀式」(remembrance rituals）と呼ばれて、「名を呼ぶ（*šuma zakāru*〔シュマ・ザカール〕）」ことや「水を注ぐこと（*mē naqû*〔メー・ナクー〕）」が伴いました。[34] このようなならわしを通して、過去との連続性が意識されたと言えます。[35]

　こうして見てみると、*etemmu*（エテッム）にも無害な側面があるように感じられます。しかしそれは、埋葬や *kispu*（キスプ）のような死者儀礼が適切に行われていればの話であり、基本的なところではやはり穏やかならぬ部分を潜在的に秘めた存在であることに変わりはないと思われます。そのことはこの第四粘土板の他の箇所では、*etemmu*（エテッム）は従来どおり悪しき性質を帯びた語で修飾されていることからも分かります。

　それは第五粘土板六二行目において *etemmu*（エテッム）が「邪悪な」(evil）という語で形容されている点（*etemmu lemnu*〔エテッム・レムヌ〕）にも現れていると言えます。

これと同じ表現はŠurpu（シュルプ）というテキストにもそっくりそのまま出てきます。[*36]しかも、それに付随する他の悪霊などに関する表現までそこでは同じなのです。[*37]

以上のことから、古代メソポタミアにおける死者の霊が、基本的には人に害をなす恐れのある悪しき存在であることが伺えます。イザヤ書一九章三節において注目されるのは、そのような死霊にまで頼らねばならないほどにエジプトはこのとき追い込まれていたという点です。

3　イザヤ書八章一九―二〇節との関連において

これらのこと（すなわち *etemmu*〔エテッム〕に関すること）は古代イスラエルにおいても当然知られていたはずです。しかし、聖書では *etemmu*（エテッム）に関する言及はこのイザヤ書一九章三節にとどまっています。しかもそれはイスラエルに関する記述ではなく、エジプトに関するものです。メソポタミアにおいては比較的頻繁に用いられていたにもかかわらず、なぜ聖書ではこの語が一度しか言及されていないのでしょうか。最後にイザヤ書八章一九―二〇節との関係を考察して本稿を閉じたいと思います。[*38]

「人々があなたがたに「霊媒や、ささやき、うめく口寄せに尋ねよ」と言っても、民は自分の神に尋ねるべきではないのか。生きている者のために、死人に尋ねなければならないのか。ただ、みおしえと証しに尋ねなければならない。もし、このことばにしたがって語らないなら、その人に夜明けはない。」

(1)　そもそも死者儀礼は古代イスラエルにおいて行われていたのか

まず、当該のイザヤ書一九章三節をはじめとして、同八章一九―二〇節などでの霊媒や口寄せに関して、はたしてそれが実際に行われていたのかという点に疑問を呈する向きがあることを確認しておきたいと思います。ブライアン・シュミット（Brian Schmidt）は、その典型的な論者です。彼はこれらの当該箇所に関して、それを後世の「申命記史家後」(post-Deuteronomisitc redactor) によるわざであるとし、当時のアハズ王朝に故意に汚名を着せようとした試みであったと述べています。[*39]

しかしリチャード・ヘス（Richard Hess）が正しくも反論しているように、霊媒や口寄せ、死者に伺いを立てる風習はウガリトにおいてこれよりも前の時代にすでに見られたことであるし、サムエル記第一、二八章七―二〇節に見られるエン・ドルの霊媒女への言及は、当時のイスラエルにおいてこれらの習わしが行われていたことを物語っていると指摘できるでしょう。[*40]

ライナー・アルベルツ（Rainer Albertz）もヘスと同じ見解を示しています。彼はサムエル記第一、二八章に関して、その背後に土着の霊媒の慣習があったはずであり、古代イスラエルにおいてもそれは当然行われたであろうことを指摘しています。またそれはよく知られた習わしであったはずであると述べています。そして彼は、このような古代イスラエルにおける霊媒に関する考古学的な裏づけとして、数は少ないとしながらもハツォル出土の霊媒用の面の存在を指摘しています（Iron IIB）[＊41]。

以上のことから、イスラエルでこのような霊媒や口寄せが現に問題となっていたからこそ、イザヤはそのことを取り上げているのだと見ることが妥当であると言えます。それでもなお、聖書において *etemmu*（エテッム）への言及が一度しか見られないのは、そのこと自体に聖書の示すスタンスが表されているからでしょう。すなわち、死霊に伺いを立てるこ

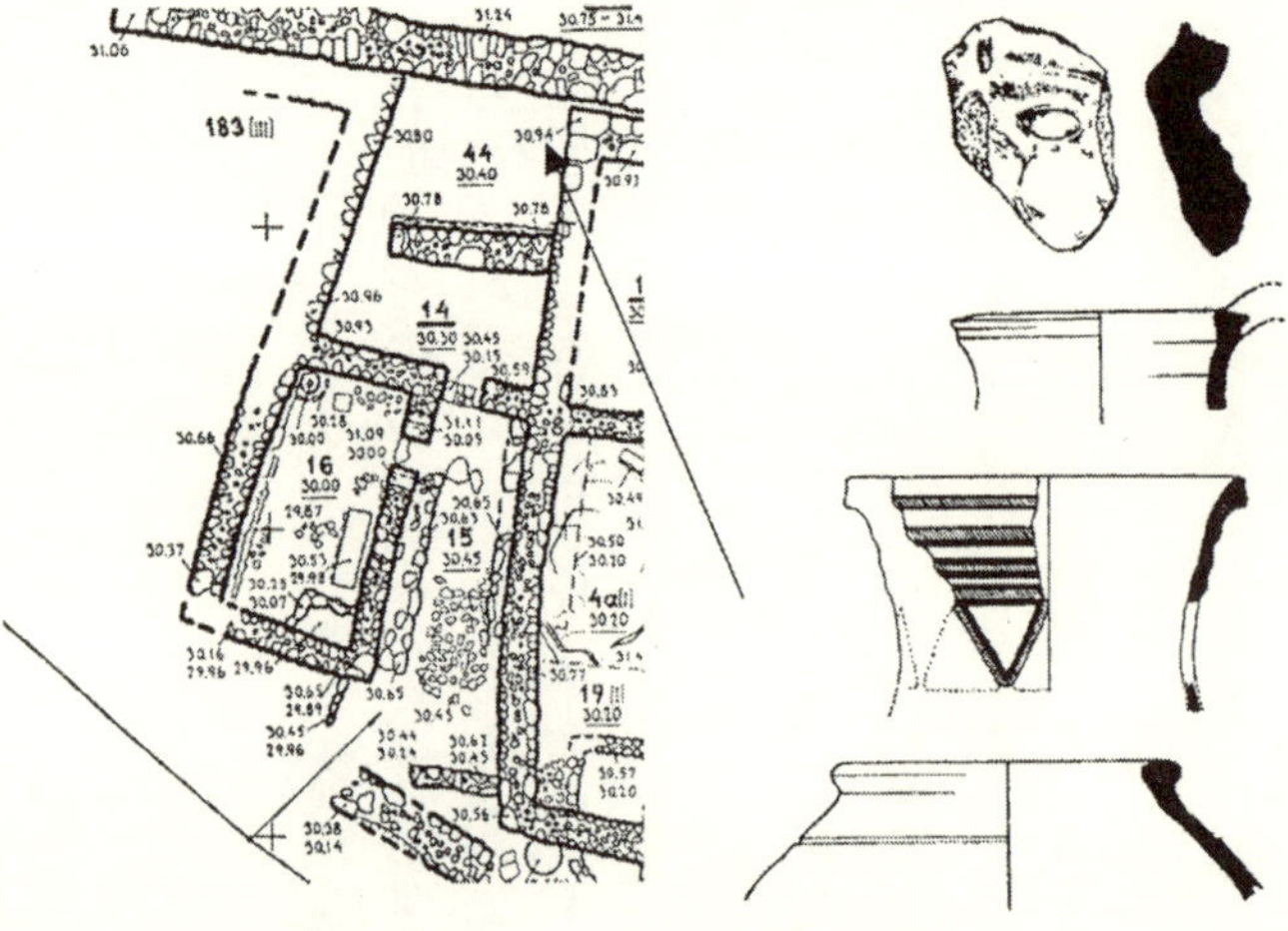

3.26. Hazor, Area A: Pottery and mask from Locus 44.
〔＊42〕

とや、死後の世界のことについて聖書が詳細を決して論じていないことこそが聖書の特徴であり、他の宗教のあり様と決定的に異なる点なのです。

(2)　祈りとは応答を求める行為 *d-r-š*（ダラシュ）

最後に、人々が偽りの神々や死霊、霊媒や口寄せに「伺いを立てた」と言われている点を考えたいと思います。興味深いことにヘブル語辞典の *HALOT* では、「伺いを立てる」と訳されている動詞 *d-r-š*（ダラシュ）のカル形の第七番目の定義として、"to make supplication to Y. with demands and prayers" と記され、[*43] イザヤ書一九章三節も同八章一九節も共々にこの項目に分類されています。これは、「伺いを立てる」という行為がある種の「祈り」としてとらえ得るものであることを示しているように思われます。

エジプトは神のさばきに直面し、窮地に立たせられたときに、神ならぬものに（死霊に対してまで！）伺いを立て、祈りをささげてしまいました。このように死者（の霊。*etemmu*〔エテッム〕）に対して祈りをささげてしまう現象は、決して多いとは言えませんが、メソポタミアの文書の中にも見出されます。たとえば家族の霊に嘆願する次のような祈りが一千五百―一千年紀のアッカド語文書に記録されています。

「ああ、わが親族の霊（*etemmu*〔エテッム〕）よ。……シャマシュとギルガメシュにとりなしてください。私のためにさばきをなし、私のために判決を下してください。[*44]」

あるいは、古い古アッカド語（Old Akkadian）のテキストには、将来を予見するために *etemmu*〔エテッム〕に祈る霊媒女たちの姿が描かれています。[*45]

このように、人はまことの神を見失うとき、ますます神ならぬもののほうへ逸れていき、そうして死者にまで祈りをなし、助けを求める事態に陥り得るのです。[*46] それはエジプトだけではなく、イスラエルにおいても同様のことでした。イザヤ書八章一九節はそのような状況を示していると言えます。イスラエル人は「生きている者のために、死人に尋ねなければならない」（一九節）ような状況に陥ったのです。

その際に祈り手の期待することはいったい何でしょうか。それは、助けを求めてすがる相手からの応答ではないかと思います。しかし、物言わぬ偽りの神々は応答しません。いや、し得ないのです。神ならぬ者に祈るならば、人はますますまことの神から逸れて行くのです。それゆえに、イザヤは次のように述べています。「ただ、みおしえと証しに尋ねなければならない」（イザヤ八・二〇）と。イスラエルは、ここに立ち返るべきでした。神ならぬものからまことの神へ、死者に祈ることから主の「みおしえ」と「証し」に尋ねることに返らなければならないのです。実に主のみことばに尋ねることこそが、真の意味での祈りであると言えるのです。

結論

以上、イザヤ書一九章一―四節から（特に三節を中心として）究極的に間違った祈りのあり方をエジプトの姿を通して見てきました。それは当時の古代オリエント世界にはびこる一つの悪しき習わしであったことを確認しました。そして、神の民イスラエルも、諸国民と同じ轍を踏み、主から離れ、間違った祈りに傾倒していのです。

また、祈りにおける一つの大切な要素は、祈りの対象からの応答を期待して伺う点にあると言えることをも確認しました。死者に伺いを立てることこそが、ある意味で人々の祈りになっていたという現実があるのです。人は神を見失うと、まず祈りがおかしくなるのです。そして、何ゆえにか死んだ者の霊へと思いが傾くのです。それはメソポタミアにおいてもエジプトにおいても、またイスラエルにおいてもそうでした。そして、現代の日本に生きる私たちにおいても、そのような状況に陥る可能性があるかもしれません。

死者に祈ることは決してあってはなりません。しかし、その危険性は私たちの身近に存在してはいないでしょうか。亡くなった人ともう一度話したい、会いたい、声を聞きたいという願望はだれしも多少は持つのではないかと思います。

私たちが尋ねるべきは主のみおしえと証しのみです。みことばに聞くこと、それを読みつつ祈り・祈りつつ読むことこそが信仰者の真の姿勢です。そのようにみことばに伺う行為そのものが祈りであると言えるのではないでしょうか。

付記（適用に代えて、参考として）――「信仰ありし死者の記念」

今日の礼拝における、召された者たちへの正しい思いと認識とはどのようなものなのでしょうか。レイモンド・アバによる祈りの解説の中に、興味深い一節を見出しました。彼は、礼拝における祈りの類型として九つの分類をあげています（それらは崇敬〔adoration〕、祈願〔invocation〕、ざんげ〔confession〕、感謝〔thanksgiving〕、嘆願〔supplication〕、とりなし〔intercession〕、信仰ありし死者の記念〔commemoration of the faithful departed〕、証示〔illumination〕、奉献〔oblation〕です）[*47]。彼はそこで、「信仰ありし死者の記念」の祈りに関して、「この世を去ってキリストと共に在る人々を、感謝を持って回想する自覚的な行為によって、礼拝の構成の中にその表現を見いだすことは適当である」と述べて、以下のC・ウェスレイの賛美を引用しています。

我ら神にありて一つなる家族、天上、地上の一つなる教会、
今は死の狭き流れによりへだたるとも。

生ける神の軍勢、
神の命に従いて、
神のいくさの一人として流れを渡りぬ。また、今渡りつつある者あり。[*48]

この賛美の元となっているのは、ヘブル人への手紙一二章二二―二四節であるとされています。[*49]「しかし、あなたがたが近づいているのは、シオンの山、生ける神の都である天上のエルサレム、無数の御使いたちの喜びの集い、天に登録されている長子たちの教会、すべての人のさばき主である神、完全な者とされた義人たちの霊、さらに、新しい契約の仲介者イエス、それに、アベルの血よりもすぐれたことを語る、注ぎかけられたイエスの血です。」

天上の教会と地上の教会は、今は隔てられてはいるが、霊的現実としてはすでに一つとされている、という認識です。それは、聖なる公同の教会・聖徒の交わりとは、キリストをかしらとしてすでに一つなのである、とする見解です。

この箇所に関してグルーデムは、この地上の礼拝は、召された聖徒たちのみならず、天の軍勢（御使いら）と共なる礼拝であると述べています。[*50]この解釈にはさらなる検討を要しますが、召された信仰者とのこの世における関わりにおいて興味深い示唆を投じており、一つの理解のあり方として、ここに参考として付記しました。

注

1 J. N. Oswalt, *The Book of Isaiah: Chapters 1-39* (NIVAC; Grand Rapids: Eerdmans, 1986), 240, 241.

2 詩行分析は、W. Watson, *Classical Hebrew Poetry* (Sheffield: JSOT Press, 1986), 363–366による。

3 J. J. Niehaus, *Ancient Near Eastern Themes in Biblical Theology* (Grand Rapids: Kregel, 2008), 140–141.

4 *HALOT*, 56.

5 R・ヘスは、当該箇所を含むイザヤ書の他の箇所では、*'ôḇ*（オーブ）は「霊媒」という訳語ではなく「死者の霊」、*yiddĕʿonî*（イッデオニー）は「親族の霊」と訳すべきであると述べている。R. Hess, *Israelite Religions—An Archaeological and Biblical Survey* (Grand Rapids: Baker Academic, 2007), 253.

6 *HALOT*, 20.

7 *AHw*, 62.

8 H. A. Hoffner, Jr., 'Second Millennium Antecedents to the Hebrew *'ôḇ*,' *JBL* 86 (1967), 385–401.

9 J. Tropper, 'Spirit of the Dead,' *DDD*, 806–809.

10 K. van der Toorn, *Family Religion in Babylonia, Syria, and Israel* (Leiden: Brill, 1996), 155–160.

11 D. Tsumura, *The First Book of Samuel* (NICOT; Grand Rapids: Eerdmans, 2007), 619.

12 *HALOT*, 393; *AHw*. 666a.

13 *DCH* 4, 113–114.

14 D. Tsumura, *The First Book of Samuel*, 619.

15 *HALOT*, 37; *CAD* E, 397f; *AHw*, 263.

16 T. Abusch, 'Ghost and God: Some Observations on a Babylonian Understanding of Human Nature,' in A. I. Baumgarten, J. Assmann & G. G. Stroumsa eds., *Self, Soul and Body in Religious Experience* (Leiden-Boston-Köln: Brill, 1998), 363–383.

17 A. Heidel, *The Gilgamesh Epic and Old Testament Parallels* (Second Edition; Chicago: The University of Chicago Press, 1949), 165.

18 J. Bottéro, *Mesopotamia: Writing, Reasoning, and the Gods* (Chicago: The University of Chicago Press, 1992 [orig. 1987]), 271, 272.

19 T. Abusch, 'Eṭemmu **אטים**,' *DDD*, 309.

20 M. Bayliss, 'The Cult of Dead Kin in Assyria and Babylonia,' in *Iraq* 35, 2 (1973), 118.

21 A. Skaist, 'The Ancestor Cult and Succession in Mesopotamia,' in A. Bendt ed. *Death*

in Mesopotamia: Papers Read at the XXV Lieu Rencontre Assyriologique Internationale (Copenhagen: Akademisk Forlag, 1980), 127.

22 T. Abusch, *The Witchcraft Series Maqlû* (Atlanta: SBL Press, 2015), 1–4.

23 Ibid., 52–53.

24 M. J. Geller, *Evil Demons—Canonical Utukkū Lemnūtu Incantations* (SAACT 5; Finland: The Neo-Assyrian Text Corpus Project, 2007), 239.

25 R. Borger, *Mesopotamisches Zeichenlexikon* (Münster: Ugarit-Verlag, 2010), 433.

26 J. Bottéro, *Mesopotamia: Writing, Reasoning, and the Gods*, 272.

27 Cf. Ritual tablet (IX), line 30': "You kin[dle (it/them)] in burning sulphur, and he recit[es the Incantaiton "I am rai]sing the to[rch]."

28 T. Abusch, *Mesopotamian Witchcraft: Towards a History and Understanding of Babylonian Witchcraft Beliefs and Literature* (AMD 5; Leiden-Boston-Köln: Brill, 2002), 129, n39. See A. R. George, *The Babylonian Gilgamesh Epic—Introduction, Critical Edition and Cuneiform Texts* (Vol. II; Oxford: Oxford University Press, 2003), 776. "'Did you see the man who was burnt to death?' 'I did not see him'". . . "'His ghost is not there, his smoke went up to the heavens.'" (lines t1 and t2.)

29 T. Abusch, 'Ghost and God: Some Observations on a Babylonian Understanding of Human Nature,' 376.

30 J. Black & A. Green, *Gods, Demons and Symbols of Ancient Mesopotamia* (London: The British Museum Press, 1992), 89.
31 A. Skaist, 'The Ancestor Cult and Succession in Mesopotamia,' 126, 127.
32 *CAD* K, 425.
33 A. Tsukimoto, *Untersuchungen zur Ttempflege* (*kispum*) *im alten Mesopotamien* (AOAT 216; Neukirchen-Vluyn: Neukirchener Verlag, 1985), 39-78.
34 A. C. Cohen, *Death Rituals, Ideology, and the Development of Early Mesopotamian Kingship: Toward a New Understanding of Iraq's Royal Cemetery of Ur.* (AMD VII; Leiden: Brill, 2005), 106.
35 G. Jonker, *The Topography of Remembrance—The Dead, Tradition and Collective Memory in Mesopotamia* (Leiden: E. J. Brill, 1995), 190.
36 E. Reiner, *Šurpu—A Collection of Sumerian and Akkadian Incantations* (AOf, Beiheft 11; Osnabrück: Biblio Verlag, 1970), 47.
37 "the [evil] [demon], the evil 'binder,' the evil ghost (gidim. hul), the evil devil, the evil god, the evil lurking demon" (tablet IX, line 81).
38 なお、当該箇所の訳に関しては、津村俊夫「イザヤ書八章一九節における אֱלֹהִים」*Exegetica* 17（2006）, 45-58を参照のこと。
39 B. B. Schmidt, *Israel's Beneficent Dead—Ancestor Cult and Necromancy in Ancient*

Israelite Religion and Tradition (Winona Lake: Eisenbrauns, 1996), 144-165, 287.

40 R. Hess, *Israelite Religions*, 259, n. 53.

41 R. Albertz & R. Schmitt, *Family and Household Religion in Ancient Israel and the Levant* (Winona Lake: Eisenbrauns, 2012), 471.

42 R. Albertz & R. Schmitt, *Family and Household Religion in Ancient Israel and the Levant*, 105.

43 *HALOT*, 233.

44 KAR 227, rev. iii 8-24. Translation cited from B. R. Foster, *Before the Muses—An Anthology of Akkadian Literature* (3rd ed.; Bethesda: CDL Press, 2005), 658-659.

45 *TCL*, 4. 5 ref. in M. Bayliss, 'The Cult of Dead Kin in Assyria and Babylonia,' 118, n. 21.

46 かつてエジプトは、中王国（BC一九九〇―一七八五）・新王国（BC一五五〇―一二二二）時代には，普遍的で（ある時には）一神教的でさえある宗教を保持していた。しかし、イザヤの時代にそれらは後退し、多神教的・心霊主義的なものへと変わっていったと言われている。J. Oswalt, *The Book of Isaiah, Chapters 1-39* (NICOT; Grand Rapids: Eerdmans, 1986), 368.

47 R・アバ著・滝沢陽一訳『礼拝――その本質と実際』（日本基督教団出版局、一九九二年〔原書は一九五七年〕）、一〇八―一一二頁。

48 同書、二一七—二一八頁。原詩——"Come, let us join our friends above // Who have obtained the prize, // And on the eagle wings of love // To joys celestial rise. Let all the saints terrestial sing, // With those to glory gone; // For all the servants of our King, // In earth and heaven, are one." *Methodist Hymns and Tune Book* (The Methodist Book and Publishing House: Toronto, 1919), § 555.

49 J. Lawson, *A Thousand Tongues: The Wesley Hymns as a Guide to Scriptural Teaching* (Exeter: Paternoster, 1987), 197.

50 W. Grudem, *Systematic Theology: An Introduction to Biblical Doctrine* (Grand Rapids: Zondervan, 2008), 405.

「ダビデの祈り」――サムエル記第二、七章一八―二九節

津村俊夫

Ⅰ　はじめに

聖書の「祈り」について考える場合、通常は詩篇等に見られる「詩文の祈り」に注意が向けられるが、今回は、「散文の祈り」を通して、祈りとは何であるのかについて考えてみたい。「ダビデの祈り」が散文で述べられているところの一つとして、サムエル記第二、第七章後半のダビデの祈りがあるが、そこでのダビデの神に対する真摯な祈りについて学びたいと思う。この章の前半には、いわゆる「ダビデ契約」と呼ばれる、旧約聖書の中でも一番重要な箇所であると言われる出来事が述べられている。

前半での、主からダビデへの一方的な「約束」のことばを受けて、王ダビデが主である神の御前に心を注ぎ出して祈っている姿が後半に見られる。ここは、従来からダビデの祈りが散文として記されている所であり、今回、この散文の祈りを、あたかも詩文であるかのように読むことによって、どういうことが見えてくるか、従来、散文として読んでいた

ために気がつかなかったことがあるのではないか、そういう思いと期待をもって「詩文的散文」の祈りを学びたいと思う。

散文と詩文

散文と詩文を何を根拠に区別するかということは重要な問題である。古代の文章の場合、特に「語り」文学の場合には、詩文と散文の区別がとても難しいと言われている。国語学者の時枝誠記[*1]は、そのような散文と韻文（詩文）の区別をキチンと行おうということ自体が近代ヨーロッパ的な考え方で、本来、両者の区別は流動的であると言っている。聖書へブル語本文の場合も、現代の校訂者は、特に預言書の場合、はたしてこの部分が詩文なのか散文なのか判断をつけ難い場合があることを証ししている。例えば、ビブリア・ヘブライカの第三版（BHK）と第四版（BHS）と第五版（BHQ）で、詩文としてレイアウトするべきか、散文としてレイアウトするべきか、判断が異なることがしばしばあるからである。

散文の祈り

このような中で、今回は散文として扱われてきた祈りに注目したい。[*2]そもそも「祈り」は祈る人の決意や告白や嘆願が述べられているのであって、普通の叙述的なことばは用いられていない。祈りは神の御前での言語行為で、そのことばの使用目的は、自分の思いを単に伝達すること（コミュニケーション）に尽きるというわけではない。そこには、強烈な感情の発露もあれば、神に対する命令（直接的な強制）とも言える強い嘆願のことばや、泣き崩れるなかでの哀願（間接的な強制）もあり、ときには強い意志に基づく信仰告白（遂行的な発話）もある。だから、祈りには本来、「詩的」な表現が多くある。通常の文法からすれば散文文法に基づいていた場合でも、「散文の祈り」は、それが祈りであることからして、「詩文的な」ものであると言っても過言ではないだろう。

Ⅱ　散文の詩文性

今から二十五年前のことであるが、私はオランダとイギリスの学者の呼びかけで「古代オリエント文学の散文における詩文性」というプロジェクトに参加する機会が与えられた。[*3]そのころ、私はサムエル記の注解書に取りかかって間もなくの時期だったので、サムエル記第一の二章から論文を書くことにした。それは、明らかに詩文である「ハンナの祈り」（二・一b―一〇）の直後にある、だれが読んでも散文であると受けとめられてきた箇所（二一―一七節）についてである。私は、このパラグラフ（段落）を、あたかも「詩文」であるかのように、並行法（パラレリズム）の原則に基づいて、詩行分析（scansion）してみた。すると、従来の「散文」として理解していたものとは異なる理解へと導かれることになった。それらを以下に、具体例として紹介したい。

「エリの息子たち」（Iサムエル二・一二―一七）

12 さて、エリの息子たち（pl.）はよこしまな者たちで、
主を知らなかった。
13 民に関わる祭司の定めについてもそうであった。
だれかが、いけにえを献げていると、
まだ肉を煮ている間に、
祭司の子弟（sg.）が
三叉の肉刺しを手にしてやって来て、
14 これを大鍋や、釜、大釜、鍋に突き入れ、
肉刺しで取り上げたものをみな、
祭司が自分のものとして取っていた。
このようなことが、シロで、
そこに来るイスラエルのすべての人に対してなされていた。

15
そのうえ、脂肪が焼かれる前に
祭司の子弟（sg.）がやって来て、
いけにえを献げる人に
「祭司に焼くための肉を渡しなさい。
祭司は煮た肉をあなたから受け取らない。
生の肉だけだ」と言うので、
16
人が「まず脂肪をすっかり焼いて、
好きなだけ
お取りください」と言うと、
彼（祭司の子弟）は、「いや、今渡すのだ。
でなければ、私は力ずくで取る」と言った。
17
このように、子弟たち（pl.）の罪は、
主の前で非常に大きかった。
この人たちは**主**へのささげ物を
侮ったのである。

まず、冒頭一二節の「さて、エリの息子たちはよこしまな者たちで」は、ヘブル語原文は、*ûḇ(ə)nê ʿēlî b(ə)nê ḇəlîyāʿal*「ウ・ブネー　エリー　ブネー　ベリーヤアル」という、類音現象（assonance）を伴って、大変リズミカルな出だしになっている。このこと一つをとって見ても、この段落は普通の散文ではなく詩の特徴を持っていると言うことができる。マソラの休止符号に基づいて、右にあるように改行していくと、各節が二行から四行の並行法に分けられる。これらの並行法は、典型的な詩篇の場合とは異なるかもしれない。しかし、「典型的な」詩とは何かということになると、事はそんなに簡単ではない。例えば、詩篇一篇は、純粋な詩文かというと、必ずしもそうは言えない。訳文では分からなくなっているところがあるが、第一篇には、散文でよく使われる関係代名詞アシェルとか、「そうではない」（四節）、「それゆえ」（五節）のような散文的表現、詩文では省略されることの多い定冠詞（一節の「〔その〕人」、四節の「〔その〕悪しき者」）などが、ヘブル語本文に用いられている。それで、詩篇一篇は「散文的詩文」であると言われることがある。そうであるなら、当該箇所（Iサムエル二・一二―一七）は「詩文的散文」であると言ってもよいのではないかと思う。

さらに、一二―一七節の段落（パラグラフ）は、一五節の冒頭の助辞ガム（「そのうえ」）によって、第二区分が始まっていることが分かる。そして、最後の一七節は、「このように、子弟たちの罪は」と導入することによって、二つのサブ・パラグラフ、一三―一四節と一五―一六節における「子弟」の罪をまとめる終結部を導入している。全体の構造は、次のようになっている。

導入部（一二節a）　エリの息子たち――祭司の定めを知らない
出来事A（一三―一四節）　祭司の子弟（単数）――ナアル・ハ・コーヘン
出来事B（一五―一六節）　祭司の子弟（単数）――ナアル・ハ・コーヘン
終結部（一七節）　子弟たち（複数）――ハ・ネアリーム（ナアルの複数）

この段落全体を理解するための一つの鍵の表現がある。それはヘブル語のナアル・ハ・コーヘンで、従来、直訳的に「祭司のしもべ」（口語訳）とか「祭司の下働き」（新共同訳）と訳されたり、意訳的に「祭司の子」（新改訳）と訳されたりしてきた。もし口語訳や新共同訳のように訳すと、この段落で問題となっているのは「しもべたち」「下働きたち」の罪のことであると誤解することになる。口語訳は一七節で「その若者たち」と訳し替えることで、エリの息子たちの罪のことを言っているとまとめているが、新共同訳は「この下働きの罪」のままで終わっていて、エリの息子たちの罪とは異なるかのような印象を与えている。新改訳では、一七節を「子たちの罪」と訳すことによって、「祭司の子」（一三、一五節）の複数ととらえ、段落全体の辻褄が合うように工夫している。

しかし、従来の新改訳のように、ヘブル語のナアル（一三、一五、一七節）を「子（たち）」と訳すと、エリとの親子関係のことが問題となっているかのように取られてしまうかもしれない。けれども、通常「しもべ」とか「従者」と訳されるナアルは、本来は「若い（者）」という意味で、ナアル・ハ・コーヘンは、この文脈では「祭司の若いの」（形容詞のコンストラクト＋属格名詞）、すなわち「若い方の祭司」を指していると考えるべきである。新改訳２０１７では、ナアルを親子関係ではなく、師弟関係を指す語として理解し、「祭司の子弟」と訳すことにした。

まず、段落はエリの二人の息子たちのどうしようもない状態（自分たちが仕えている主をも祭司の定めをもよく知らなかった）について語る。そして、二つの出来事（AとB）を取り上げ、彼らの罪が主の前でいかに大きかったかを説明している。サムエル記の語り手は、冒頭の導入部でエリの二人の息子たちが主を知らなかったと述べ、「このように」彼らの罪は主の前に大きかったと、終結部で締めくくっている。終わりの二回の主は初めの主とインクルージオ（段落の始まりと終わりを対応させる文学的技法）になっている。

もし一二―一七節全体を普通の散文のように読み進めると、最初のナアル（単数）がホフニ（一・三）で、二番目のナアル（単数）がピネハス（一・三）――あるいは、その逆――であるか、あるいは、別の「祭司のしもべ」なのかということが問題となってしまう。

「語り」文学の詩文性に注目することによって、二つの出来事は「若いほうの祭司」のどちらにも関わることで、二人とも同じようなことを行ったということが言われているのである。

もう一つ、細かいことであるが、この段落があたかも詩文の並行法で書かれているかのように理解することによって、文法関係がハッキリしたところがある。それは、一四節後半の

このようなことが、シロで、
そこに来るイスラエルのすべての人に対してなされていた（三人称複数動詞を受身に）。

である。第三版では、

彼らはシロで、そこに来るすべてのイスラエルに、このようにしていた。

と、日本語としては自然な語順で訳されていたが、原文の語順に注目し、直訳すると、

このようなことがなされていた。イスラエルのすべての人に対して、そこに来る。

シロで。

となる。これを散文の文法に則って考えると、「そこ」が地名シロの前に来るのがどうしても不自然である。これを詩文としてとらえ、並行法の二行間の上下の文法関係（「垂直文法[4]」）としてとらえると、「このようなことが、シロでなされていた」という意味が明確になる。

Ⅲ　散文の祈り

次に聖書の中の「散文の祈り」の持つ利点について考えたい。詩篇の中の「祈り」は、五一篇や一八篇のように、その表題で歴史的背景情報が与えられている場合を除けば、祈りの具体的状況（言語外コンテキスト[5]）が明確ではない場合が多い。それに比べ、散文における祈りの場合、それがどのようなときに、いつ、どこで、だれが祈った祈りであるのかがより具体的に記されている。たとえば、ソロモンの神殿奉献の祈り（Ⅰ列王八・二三―五三）、ヨシャファテの祈り（Ⅱ歴代二〇・六―一二）、ヨナの祈り（ヨナ四・二―三）等がある。その中の「ヒゼキヤの祈り」を取り上げたいと思う。

「ヒゼキヤの祈り」（Ⅱ列王一九・一五―一九）

ヒゼキヤ王が、この祈りを祈ったときの状況は、列王記第二、一九章とイザヤ書三七章の並行箇所に詳しく述べられている。紀元前七〇一年に、アッシリアの大軍がエルサレムを取り囲み、アッシリア大王の将軍ラブシャケがヒゼキヤに降伏を迫る緊迫した状況の中で、ヒゼキヤが主の前に出て祈った祈りである。人間的には絶望的とも言える状況において、神に信頼する信仰者ヒゼキヤは主の前に大胆に祈る。まず、神に「呼びかけ」、「嘆願」し、「歴史の事実」を根拠として、「救いを求める祈り」をする。その祈りは、具体性のある、力強いもので、散文で記されてはいても、非常に主観的で、感情的で、かつ説得性のある祈りである。全体で、**主**という語が七回用いられていることは注目に値する。**主**の前で祈ったヒゼキヤが、六回**主**と呼びかけている。祈りの重要な要素は、だれに対して祈っているのかということである。

散文から詩文へ

列王記第二の一九章一五―一九節のヒゼキヤの祈りは、伝統的には散文として訳されてきたところであるが、実際にヒゼキヤが追いつめられた状況で祈った祈りであれば、散文で冷静に何かを報告しているのではないはずである。散文の祈りではあるが、この祈りも詩文性の高い散文であると言える。散文の語順ではなく、並行法を意識して以下のように詩文的に訳し直すことによって、祈り全体の構造も明らかとなる。

15 ヒゼキヤは主の前で祈った。
〈呼びかけ〉
「ケルビムの上に座しておられる
イスラエルの神、主よ。
［ただ、］あなただけが神です。
地のすべての王国［の］にとって。
あなたが天と地を造られました。
〈嘆願〉
16 主よ。御耳を傾けて聞いてください。
主よ。御目を開いてご覧ください。
生ける神をそしるために言ってよこした
センナケリブのことばを［聞いてください］。
〈歴史の事実〉
17 主よ。確かにそのことは事実です。
アッシリアの王たちが、

国々とその国土を廃墟とした［の］ことは。
18 彼らはその神々を火に投げ込みました。
それらが神ではなく、
人の手のわざ、木や石にすぎなかったので、
彼らはこれを滅ぼすことができたのです。
19 私たちの神、主よ。どうか今、
私たちを彼の手から救ってください。
そうすれば、地のすべての王国は［、］知るでしょう。
主よ、あなただけが神であることを。」
〈救いを求める祈り〉

Ⅳ 「ダビデの祈り」——サムエル記第二、七章一八—二九節

さて、サムエル記第二の二三章二節、
2 「主の霊は私を通して語り、
そのことばは私の舌の上にある。」

にあるように、ダビデ自身、自分の祈りや賛美において、神の御霊によって導かれて「ことば」を発していると確信していた。

単に、ダビデが素晴らしい詩人であったから素晴らしい詩篇ができたということではない。素晴らしい詩が、その構造とともに、素晴らしい内容をもっていることの背後には、主なる神の御霊の働きがあったということを忘れてはならない。そのことを認めたうえで、現代の読者が聖書の「祈り」を味わうためには、①当時のヘブルの詩がどういうテクニックをもって表現されたのかという、ヘブル語の並行法の原則や、音と意味の絶妙な関わり方など、豊かな表現形式を知ること、そして②詩人の信仰者としての「たましいの息づかい」を同じ信仰者として追体験するために、その「祈り」の歴史的・文化的・霊的背景をよく知ることとが必要不可欠である。そのうえで、現代人の私たちが「ダビデの祈り」を祈ることによって、自らの信仰の成長を見ることができるようになるのだと思う。

V　「ダビデの祈り」

本章（Ⅱサムエル七章）の前半では、ダビデが主のために神殿（ベート）を建てたいという希望を表明したときに、**主**は「（わたしが）あなたのために一つの家（ベート）を造る」

（一一節b）と約束された。この約束は、さらに具体的に語られる。

12 あなたの日数が満ち、あなたが先祖とともに眠りにつくとき、わたしは、あなたの身から出る世継ぎの子をあなたの後に起こし、彼の王国を確立させる。
13 彼はわたしの名のために一つの家を建て、わたしは彼の王国の王座をとこしえまでも堅く立てる。
14 わたしは彼の父となり、彼はわたしの子となる。彼が不義を行ったときは、わたしは人の杖、人の子のむちをもって彼を懲らしめる。
15 しかしわたしの恵みは、わたしが、あなたの前から取り除いたサウルからそれを取り去ったように、彼から取り去られることはない。
16 あなたの家とあなたの王国は、あなたの前にとこしえまでも確かなものとなり、あなたの王座はとこしえまでも堅く立つ。

これは、「ダビデ契約」と言われているものであるが、**主**とダビデの合意というよりは、一方的な、主からのダビデに対する「下賜」（grant）宣言である。ここでダビデ王朝（王家）という「家」を主が永遠に確立されるという「約束」が与えられたのである。

このような、想定外の、主からのダビデとその家に対する「とこしえの」約束のゆえに、ダビデは主の前に身を低くして祈る。そのときの祈りが、一八―二一節でも散文で記されているが、この「散文の祈り」を、あたかも詩文であるかのように、並行法の文体にしたがって詩行分析し、この「ダビデの祈り」をしばらく詳しく学びたい。

〈祈りのアウトライン〉

1　主の約束（一八―二一節）

18　ダビデ王は**主**の前に出て、座して言った。

ここで人間である「王」ダビデが、真の王であられる**神**、主の聖なる御前に出て、「座して言った」と記されている。王は通常、玉座に着座するのであるが、この文脈では、聖なる御座に着座しておられるのは真の王、**主**である。その御前に身を投げ出して、聖なる臨在の場で、直接、ダビデが地面に座ったことを意味しているのではないかと思う。礼拝者は、通常、神の前に「身を投げ出す」（ヒシュタハウェ）か「土下座する」（ナファール）あるいは「ひざまずく」（バーラク）のであるが、ここで「座して」（ヤシャーブ）と言われているのには特別な意味が込められているのかもしれない。主の御前にみずからを何度も「しもべ」と呼び（一九―二一、二五―二九節）、身を低くして祈る信仰者のダビデの姿をここに見る。

ダビデと彼の家に対する、これまでの主のお取り扱い（一八節）

神、主よ、[*6] 私は何者でしょうか。
私の家はいったい何なのでしょうか。
あなたが私をここまで導いてくださったとは。

このダビデの祈りにおいて、「**神**、主」は、一八b、一九（二回）、二〇、二二、二八―二九節で神への呼びかけで用いられ、「**主**」は、二四、二五、二六、二七節で用いられている。この神への呼びかけのことばが**神**と**主**で使い分けられているのには理由があるのではないか。冒頭での呼びかけ「**神**、主よ、私は何者でしょうか。私の家はいったい何なのでしょうか」（一八節b）という驚きは、その後の「**神**、主よ」という呼びかけ（一九節×2、二〇、二二節）によっても引き続き意識されているようである。そして契約の民イスラエルの「無比性」（二三節）が語られた後しばらくは、イスラエルと神との関係が強く意識されるときに**主**（二四―二七節）という契約の神の名前が用いられている。しかし、[*7]

二八―二九節において、再び「**神**、主よ」（二八節）と「**神**である主よ」（二九節）という呼びかけが用いられて、ダビデの祈りが終わっている。すなわち、呼びかけの際の**神**（A）と**主**（B）は、ABAパターンとなっていることが分かる。
三行目の「あなたが私をここまで導いてくださったとは」は、接続詞キーで導入され、こういう結果になったことへの驚きを表明している。これは詩篇八篇四節の

4 人とは何ものなのでしょう。
あなたが心に留められるとは。
人の子とはいったい何ものなのでしょう。
あなたが顧みてくださるとは。

のキー「～とは」と同じ働きをしている。

彼の家に対する、将来の主のお取り扱いの約束（一九節）

19 **神**、主よ。このことがなお、あなたの御目には小さなことでしたのに、
あなたはこのしもべの家にも、はるか先のことまで告げてくださいました。

神、主よ、これが人に対するみおしえなのでしょうか。

一九節の「このこと」（ゾート）は、前節の「あなたが私をここまで導いてくださった」ことを指している。ダビデは、今に至るまでの主の導きだけでなく、「はるか先のこと」、ずっと将来に至るまでの主のお取り扱いの約束、すなわち、一六節の

あなたの家とあなたの王国は、
あなたの前にとこしえまでも確かなものとなり、
あなたの王座はとこしえまでも堅く立つ。

という約束、「このこと」（ゾート）は、人にとって想定外の神の「おしえ」「定め」（トーラー）だというのである。

このダビデの驚きは、一九節を並行法的に三行に分け、詩文的特徴に注目することによって、より鮮明になる。まず、最初と最後の行の頭に「**神**、主よ」という呼びかけが来ている。[*8] ヘブル語の指示代名詞ゾートは、女性形であるので、具体的な「もの」を指すのではなく、抽象的な「こと」を指しているのであるが、それが一行目と三行目に用いられて、うまく対応し、三行全体をまとめている。今までの「このこと」、すなわち神が一人の人

をここまで導いてくださったことは、神の目には小さなことでしたが、これからの「このこと」は人にとって想像を絶するようなことです、と人間ダビデは驚きを表明せざるを得ないのである。

主の約束に圧倒されるダビデ（二〇―二一節）

20 ダビデはこの上、何を加えて、あなたに申し上げることができるでしょうか。
神である主よ、あなたはこのしもべをよくご存じです。
21 あなたは、ご自分のみことばのゆえに、そしてみこころのままに、
この大いなることのすべてを行い、
あなたのしもべに知らせてくださいました。

二〇節冒頭の「何を」（マー）は、一八節で二回用いられた「だれ」（ミー）とは異なる。一九節の「このこと」（ゾート）を受けて、「何を」「何のことを」付け加えられるでしょうか、何も付け加えることはありません、とへりくだって申し上げる。ダビデが何をしてきたかというよりも、ダビデ自身が何者であるのか、それは神である主が「よくご存じです」と申し上げるほかなかった。しかも、すべてを知り尽くしておられ、ご自分の「ここ

ろ」と「ことば」にしたがって「こと」をなさる方が、「この（ハ・ゾート）大いなること
のすべて」を行い、それのみならず「あなたのしもべ」である私、ダビデに「知らせてく
ださいました」。ダビデは主の約束のことばと自分に対する主の特別なお取り扱いに、た
だ圧倒されるばかりであった。

尊敬表現「私の主（＝あなた様）」に対応する「あなたのしもべ（＝この私め）」という謙譲表現は、「あなたのしもべであるこの私」という意味であるので、文脈によっては、短く「このしもべ」とか「しもべ」と訳すほうが良い場合がある。

2　ダビデの告白（二二―二四節）

神である主の無比性（二二節）

22 それゆえ、申し上げます。**神**、主よ、
あなたは、私たちが耳にするすべてのところで大いなる方です。
なぜなら、あなたのような方はほかになく、
あなたのほかに神がいないからです。（津村訳）

ここから数節にわたって、《神である主の無比性》（二二節）と《神の民イスラエルの無比性》（二三―二四節）という、聖書の中で重要な二つのテーマが述べられている。内容的には素晴らしいテーマであるが、文法的には難しいところである。

二二節の冒頭のアル・ケンは、通常「それゆえ」と訳され、二つの間の因果関係を説明する。しかしこの文脈では、直前の二一節の「あなたは……この大いなることのすべてを行い、あなたのしもべに知らせてくださいました」を受けて、「それゆえ……あなたは大いなる方です」と繋げるのは論理的に少々無理がある。

ここのアル・ケンは、「A それゆえ B」という、AとBの因果関係を表現しているのではなく、「A それゆえ私は言う〝B〟と」という、Bが話者志向的な発言であることを表しているのではないかと思う[*9]。

同じようなことは、創世記四章一五節前半、

15a 主は彼に言われた。「それゆえ、わたしは言う。だれであれ、カインを殺す者は七倍の復讐を受ける。」

で用いられている、アル・ケンに似た表現ラケンの場合にも言える。ここのラケンは、通常の「それゆえ」という訳ではその内容理解が難しいが、「わたしは言う」という発話者

の行為を挿入することによって、因果関係ではなく、「だから、私はこう言うのだ」と、発話の根拠を示す表現であることが分かる。ここは従来から、七十人訳ギリシア語聖書に基づいて、「いや、そうではない。だれでもカインを殺す者は……」（口語訳）、「いや、それゆえカインを殺す者は……」（新共同訳）のように否定的に訳されてきた。新改訳でも「それだから、だれでもカインを殺す者は……」と工夫をして訳されてきたが、「わたしは言う」という、神の発話行為としての説明を加えることによって、内容理解がすっきりする。

この「話者志向的」表現は、すでに助辞キー「なぜなら」の場合にも認められてきたもので、[*10] 二二節の「まことに」と訳されているキーも、「なぜそう言うかといえば」と話者志向的に訳すことができるかもしれない。以上をまとめると、次のようになる。

	［因果関係］	［話者志向的］
アル・ケン	［Aそれゆえ B］	［Aそれゆえ私は言う「B」と。］
キー	［AなぜならB］	［「A」と言った。なぜならB］

このダビデの「散文の祈り」を詩行分析して並行法的に理解するとどのような利点があるか。そのことを示す一つの事柄に注目したい。二二節は従来、以下のように訳されてき

た。

22 それゆえ、神、主よ。あなたは大いなる方です。私たちの耳に入るすべてについて、あなたのような方はほかになく、あなたのほかに神はありません。(第三版)

22 主なる神よ、あなたは偉大です。それは、われわれがすべて耳に聞いたところによれば、あなたのような者はなく、またあなたのほかに神はないからです。(口語訳)

22 主なる神よ、まことにあなたは大いなる方、あなたに比べられるものはなく、あなた以外に神があるとは耳にしたこともありません。(新共同訳)

今回の新改訳2017においても、散文として次のように訳された。

22 それゆえ、申し上げます。**神**、主よ、あなたは大いなる方です。まことに、私たちが耳にするすべてにおいて、あなたのような方はほかになく、あなたのほかに神はいません。

この散文を、そのまま並行法として分析すると、

22 それゆえ、申し上げます。**神**、主よ、あなたは大いなる方です。
まことに、私たちが　耳にするすべてにおいて、
あなたのような方はほかになく、
あなたのほかに神はいません。

となるが、こうして詩行分析したヘブル語本文をできるだけ語順を大切に直訳すると、

22 それゆえ、申し上げます。**神**、主よ、あなたは大いなる方です。　A
まことに、あなたのような方はほかになく、　X
あなたのほかに神はいません。　X′
私たちが　耳にするすべてにおいて。　B

のようになる。

この場合、四行目の冒頭のベ・コル（直訳「のすべてにおいて」）の扱いに多くの翻訳は手こずってきたようである。例えば、第三版は「すべてについて」と訳し、口語訳は「ところによれば」と訳している。新共同訳は全く意訳をして「耳にしたこともありません」と訳す。しかし、当該箇所は、詩的並行法の「垂直文法」の原則に則って、四行詩全体が

「AXX′Bパターン」、すなわち、中の二行［X／／X′］（同義的並行法）が、上下の垂直的な文法関係をもつ一行目と四行目の間に挿入されていると考えることが可能である。[*11]

この理解に立ってヘブル語本文をより日本語らしく翻訳するとすれば、以下のようになる。

22 それゆえ、申し上げます。**神**、主よ、　A
あなたは、私たちが耳にするすべてのところで大いなる方です。　B
なぜなら、あなたのような方はほかになく、　X
あなたのほかに神がいないからです。（津村訳）　X′

神の民イスラエルの無比性（二三—二四節[*12]）

23 また、地上のどの国民が
あなたの民イスラエルのようでしょうか。
御使いたちが行って、その民を御民として贖い、[*13]
御名を置き、
大いなる恐るべきことを[*14]あなたの国のために、

あなたの民の前で彼らのために行われました。[*15]
あなたは、彼らをご自分のためにエジプトから、
異邦の民とその神々から贖い出されたのです。
そして、あなたの民イスラエルを、
ご自分のために、とこしえまでもあなたの民として立てられました。
主よ、あなたは彼らの神となられました。

24

二三節は、ヘブル語本文の解釈が非常に困難だと言われてきたところである。R・H・ファイファーは、この本文が奇妙なテキストで「ことばの慣用からはずれた中味のない最悪の表現」であると酷評する。しかし、このような場合になすべきことは、もう一度、ことばの用法の一番普通の法則（文法）にしたがって、無理のない「平易な意味」をとらえようと努力することだと思う。

冒頭を直訳すると、「だれがあなたの民のよう、イスラエルのようでしょうか」となるが、それに後続する、ゴイ・エハド「一つの国民」をどのように翻訳するかが問題となる。エハドは通常は基数の「一」を意味する数詞であるが、単に「一つの国民」を意味するだけなら、あえて数詞の「一」を用いる必要はない。それが用いられているのはエハドが序数「第一」、または「唯一」を意味するからではないだろうか。エハドの序数としての用

法は、創世記一章五節（「第一日」）に見られるし、ウガリト語にも見られる用法である。文脈から推察されることは、イスラエルの民が地上の「第一の」、または「独自の」民であることが意味されていることである。

次の問題点は、アシェル関係節の動詞「行く」が複数形であり、その主語がエロヒームであることである。エロヒームは、動詞が単数である場合は、創世記一章一節の場合のように「神が」となるが、動詞が複数の場合は「神々が」となるのが原則である。ところが第三版では、「神ご自身が来られて」と訳されていた。これでは動詞を単数形に変更しなければならなくなる。節全体は次のように訳されていた。

23 また、地上のどの国民があなたの民のよう、イスラエルのようでしょう。神ご自身が来られて、この民を贖い、これをご自身の民とし、これにご自身の名を置かれました。あなたは、ご自身の国のために、あなたの民の前で、大いなる恐るべきことを行い、この民をあなたのためにエジプトから、そして国々とその神々から贖ってくださいました。

しかしながら、動詞のハーラクは、基本的には「行く」という意味である。新改訳2017では、これらのことを勘案し、エロヒームを神的存在を指す語と考えて、「御使いたち」と訳している。「イスラエルの陣営の前を進んでいた神の使いは、移動して彼らのうしろを進んだ」と記されている出エジプト記一四章一九節を参照。このような訳出は、今回、詩篇八篇五節のエロヒームを「御使い」と訳したことと同じ考えに立っている。

5 あなたは 人を御使いより
わずかに欠けがあるものとし
これに栄光と誉れの冠を
かぶらせてくださいました。

次に、第三版の「そして国々とその神々から」は、ゴイーム・ウェーロハウの訳であるが、もし「国々」と訳すなら、代名詞「その」が男性単数であるので、数の不一致が生じ、そう訳す根拠はなくなる。新共同訳は、「エジプトおよび異邦の民とその神々から」と意訳する。ここでは、ゴイームの「ム」を副詞的な語尾と考えて、「〜から」を意味する助辞（エンクリティック・メム）とするならば、新改訳2017のように「異邦の民（単数＝エジプト）」と「その神々」「から」と訳すことができる。[*16] 神がイスラエルを「エジプトから、（すなわち）異邦の民とその神々から」贖い出されたことが述べられていると理解することができるのである。この理解は、ESVの“Egypt, a nation and its gods”と同じ結果となる。

　二四節ではじめて、ダビデの口を通して主という名前が単独で表明されていることは注目すべきである。イスラエルの民が「あなたの民」となり、主が「彼らの神」となられた、という契約関係[*17]がここで確認されているからで、今までの、ダビデと個人的な関わりを持ち続けてくださった御方に、「神、主よ」と親しみを持って呼びかけていたのとは少し異なる趣が表れている。契約の民の代表としての「王」ダビデの姿がここに見られるのではないかと思われる。

3　ダビデの嘆願（二五―二九節）

ダビデと彼の家に対する、主の約束の確認（二五―二七節）

25 今、神である主よ。
あなたが、このしもべとその家についてお語りになったことばを、
とこしえまでも保ち、
お語りになったとおりに行ってください。
26 こうして、あなたの御名がとこしえまでも大いなるものとなり、

『万軍の主はイスラエルを治める神』と言われますように。
あなたのしもべダビデの家が御前に堅く立ちますように。
27
イスラエルの神、万軍の主よ。
あなたはこのしもべの耳を開き、
『わたしがあなたのために一つの家を建てる』と言われました。
それゆえ、このしもべは、この祈りをあなたに祈る勇気を得たのです。

ここからダビデの主への嘆願が始まるが、注目すべきことは、その嘆願が主がすでに約束してくださったことの確認から始まっていることである。前節で注目したように、主という名前がここの嘆願（二五―二七節）で用いられているのは意識的ではないかと思われる。二六節と二七節で「万軍の主」が初めて、二回用いられていることも注目すべきである。この御方がダビデに「わたしがあなたのために一つの家を建てる」（七・一一）と言われたのである。この主の約束（契約）のことばのゆえに、「このしもべは、この祈りをあなたに祈る勇気（「心」）を得た」と主に申し上げている。ここでのアル・ケン（「それゆえ」）は論理的結末（因果関係）を表す用法である。

さらに、この「嘆願」の部分に入ってから用いられている注目すべき表現として、二五節と二六節で繰り返されている「とこしえまでも」がある。これは通常用いられる「とこしえに」（二九節で二回）とは意識的に区別されているようである。ダビデがこの祈りの冒頭の箇所（一八節）で、神がダビデを「ここまで」導いてくださったことへの驚きを表明していることと対応する。「ここに至るまで」導いてくださった御方が、その約束されたことばを「とこしえまでも」保ってくださるのみならず、その御方の「御名がとこしえまでも大いなるものとなり」誉めたたえられるようにと願っている。

二五節では、二つの命令形「保ってください」（ハケーム）と「行《おこな》ってください」（アセー）によって、嘆願が表明された後、二六節冒頭で、その結果「こうして……大いなるものとなり……堅く立ちますように」（ワウ＋未完了形動詞……未完了形動詞）と続く。

二七節で「イスラエルの神、万軍の主よ」という呼びかけで始まるが、その前に話者志向的キーが来ているので、このような嘆願をなぜするのかと言えば、「～だからです」という理由の説明になっている。厳密に訳すと、

「あなたがこのしもべの耳を開いてくださったからです。『わたしがあなたのために一つの家を建てる』と言って。」

のような訳になるのではないかと思う。最後に、「それゆえ」（アル・ケン）という論理的結末を導入している。こうして、ダビデは神の約束を確認し、その約束に基づいて嘆願し

ている。

ダビデの家に対する、主の永遠の祝福への祈り（二八―二九節）

28 今、**神**、主よ、
あなたこそ神です。
あなたのおことばは、まことです。
あなたはこのしもべに、
この良いことを約束してくださいました。
29 今、どうか、あなたのしもべの家を祝福して、
御前にとこしえに続くようにしてください。
神である主よ、あなたがお語りになったからです。
あなたの祝福によって、
あなたのしもべの家がとこしえに祝福されますように。

二五節の冒頭の「今、神である**主**よ」から、再び二八節冒頭の「今、**神**、主よ」に戻っていることに注意。すなわち、この二八節において、ダビデは、再び、彼の祈りの始まり

における、親しみのある神への呼びかけのことば「**神**、主よ」(一八節)に戻っている。再びダビデと**神**との近さが感じられるような表現になっている。その直後に、「あなたこそ神です」(アッター・フー・ハエロヒーム。冠詞「ハ」が初めて用いられている!)と、叙述ではなく、告白をしているのである。このようなヘブル語の細かい表現の背後に、信仰者ダビデの**神**への思い入れ、心理的近さ、感情注入が読み取れるのではないか。二八節の詩行分析に注目すると、ここは特に短い行が繰り返されていて、並行法的にはとても力強いリズミカルな詩的表現となっている。最後の行で、またも指示代名詞「これ、この」(女性単数。ゾート。一八―一九節参照)が用いられ、神の約束が「良いこと」(女性単数)であると告白している。「約束してくださいました」の直訳は「語られました」であるが、神がお語りになったことは「約束されたこと」であって、人間が「語る」場合とは異なる。

この告白の流れの中で、二九節で「どうか……してください」という、ダビデの「家」に対する祝福への祈りがささげられている。「とこしえに続くようにしてください」は、直訳すると「とこしえにあるようにしてください」で、永遠に存在するように、すなわち存続するようにと願っているのである。ここでも、神がダビデに約束してくださったことに基づいて、祈っていることが分かる。二九節三行目の冒頭のキーも話者志向的で、このようなことを祈るのは「**神**である主よ、あなたがお語りになったからです」と理由を述べている。しかし、ダビデは、彼の家を「祝福してください」と神に対して命令形で直接的に願った後に、へりくだって、「あなたのしもべの家がとこしえに祝福されますように」と、間接的な受動態動詞で祈っている。神が約束されたという事実に基づき確信を持って祈りながらも、それを当然のことと考えずにへりくだって、その発話行為において、ダビデは、このようにきめ細かに、信頼する神にお願いしていることが見て取れる。このキー節を中心にして、その前後に、ダビデの家への祝福への祈りが述べられていることは、この「散文の祈り」を詩文的にとらえることによって、より鮮やかに浮かび上がっている。

Ⅵ　まとめ

以上の考察を通して、ダビデの祈りの姿から「祈り」について学んだことを次にまとめたい。

・ダビデは、神に対する全き信頼を持っていた。神の真実に対する信頼を。
・ダビデは、神のみわざを確認し、それを確信していた。
・ダビデの願いは具体的であった。
・ダビデの祈りには感謝と賛美があった。
・ダビデは、神のみことばの約束に基づいて願った。
・ダビデは、緊急性（「今」）を持って祈った。

・ダビデは、へりくだって神に懇願した。自分を「あなたのしもべ」と表現して。
・ダビデは、叙述ではなく告白をした。「あなたこそ神です」と。詩篇四六篇の「わたしこそ神」（一〇節）、および、先に述べた「ヒゼキヤの祈り」の最後（Ⅱ列王一九・一九）参照。祈りの最終目標は、神を知ること、おのれを知ること。

私たちは、信仰者として、聖書の祈りを祈ることによって「祈ること」を学ぶことができる。散文の祈りは、具体的な状況がより明確であるので、さらに学びやすいかもしれない。

注

1　時枝誠記『日本文法（文語編）』岩波全書、一九五四年。

2　ヘブル大学教授のモシェ・グリーンベルグによる『散文の祈り』という小冊子がある。Moshe Greenberg, *Biblical Prose Prayer: As a Window to the Popular Religion of Ancient Israel*, Berkely: University of California Press, 1983.

3　D. T. Tsumura, "Poetic Nature of the Hebrew Narrative Prose in I Samuel 2:12-17," in J. C. de Moor and W. G. E. Watson (eds.), *Verse in Ancient Near Eastern Prose* (AOAT 42; Neukirchen-Vluyn: Neukirchener, 1993), pp. 293-304. (https://www.

academia.edu/1073463/1993_The_Poetic_Nature_of_Hebrew_Narrative_Prose_in_1_Sam_2_2-17_)

4　拙論「並行法の文法」*Exegetica* 18 (2007), 91-110 および "Verticality in Biblical Hebrew Parallelism," in *Advances in Biblical Hebrew Linguistics: Data, Methods, and Analyses*, ed. A. Moshavi and T. Notarius, pp. 189-206, Winona Lake, Ind.: Eisenbrauns, 2017 を参照。

5　いわゆることばの文脈を「言語内コンテキスト」と言うのに対して、言語の使用者やテキストそのものが置かれている脈絡を「言語外コンテキスト」(文化脈)と言う。

6　ここの「**神**、主よ」という表記について一言。今回、新改訳２０１７では、ＹＨＷＨにアドナイの母音が付いている場合は、第三版までと同じように**主**と表記し、そのうえで、ＹＨＷＨにエロヒームの母音が付いている場合を**神**と表記することにしている。それゆえ、「**神**、主よ」は原文の「主」(アドナイ)—**神**［ＹＨＷＨ＋エロヒームの母音］の呼びかけ(呼格)を訳したものである。

7　ヘブル語の代名詞ミー(直訳は「だれ」)は、主題によって、「何者でしょうか」「何なのでしょうか」と訳し分けられている。詩篇八篇四節の「何もの」のヘブル語は代名詞マー(直訳は「何」)。

8　「**神**、主よ」は、一行目が「**神**、主よ。」と句点(。)で閉じられているのに対して、三行目が「**神**、主よ、」と読点(、)になっているのには理由がある。『新改訳２０１７』の翻訳作業で、編集の段階に入ってからのことであったが、呼びかけ（呼格）の次に複文が来ている場合は句点を、単文が来る場合は、呼びかけを文の一部としてとらえて読点を付けることにした。

9　拙論 "Speaker-Oriented Connective Particle *al-ken* in 2 Sam. 7:22," *Journal of Semitic Studies*（近刊）。

10　W. T. Claasen, "Speaker-oriented Functions of *kî* in Biblical Hebrew," *Journal of Northwest Semitic Languages* 11 (1983), 29-46（邦訳、W・T・クラーセン〔木内伸嘉訳〕「ヘブル語kîの話者思考的用法」*Exegetica* 4〔1993〕, 89-108）を参照。

11　これと同じパターンは、アモス一・五、詩篇八九・三六―三七等に見られる。近々出版予定の拙論 "Vertical Grammar of Biblical Hebrew Parallelism: The AXX'B Pattern in Tetracolons," *Vetus Testamentum* (2019) で論じられている。

12　拙論「主の民イスラエルの無比性（Ⅱサムエル七・二三）」*Exegetica* 14 (2003), 51-61参照。

13　あるいは「贖い出し」。語根は＊PDH。

14　ESVはヘブル語本文を、七十人訳ギリシア語本文にしたがって、"awesome things *by driving out* before your people"と訳しているが、その必要はない。

15　ここはマソラ本文ではラケム（あなたがたのために）であるが、いくつかの写本にしたがってラヘムと読む立場を受け入れている。第三版では未解決。ラケムとラヘムの音の近さのゆえに、書記が誤記した可能性があるかもしれない。文字の類似性よりも、文字の背後にある音の類似性が「誤記」に関わっている例である。

16　これは、AX&Bパターンとして説明できる。
「異邦の民」（A）「と」（&）「その神々」（B）「から」（X）→「異邦の民」（A）＋「から」（X）「と」（&）「その神々」（B）
D. T. Tsumura, "Coordination Interrupted, or Literary Insertion AX&B Pattern, in the Books of Samuel," in *Literary Structure and Rhetorical Strategies in the Hebrew Bible*, eds. by L. J. de Regt, J. de Waard and J. P. Fokkelman (Assen: Van Gorcum, 1996), 117-132参照。

17　この「主」とイスラエルの「民」の契約関係は、出エジプト六・七、レビ二六・一二、エレミヤ七・二三、一一・四、二四・七、三〇・二二、三一・三三、三二・三八、エゼキエル一一・二〇、一四・一一、三六・二八、三七・二三、二七、ゼカリヤ八・八、一三・九などを見よ。

ルカの福音書における祈り——ルカの福音書一八章一—八節

三浦　譲

Ⅰ　序

日本語訳新約聖書で「祈り／祈る」と訳されるのは、[*1] 基本的に proseuchē（祈り）／proseuchomai（祈る）、deēsis（祈り、願い）/deomai（祈る、願う）である。そのほかにも「祈り／祈る」に関連するギリシア語のことばは幾つか存在するが、[*2] 特に proseuchē/proseuchomai が「祈り／祈る」に関しての基本的な用語だと言える。[*3] この二語は日本語訳聖書ですべて「祈り／祈る」と訳される。しかし本稿では、proseuchē/proseuchomai に加えて、日本語訳聖書で「祈り／祈る」と訳される箇所の deēsis/deomai を取り上げる。deēsis/deomai は、願いが神に向けられると、「祈り／祈る」といった意味になる。[*4] ほかに新約聖書において aiteō（マタイ一八・一九）、euchē（ヤコブ五・五）、euchomai（Ⅱコリント一三・七、九、ヤコブ五・一六、Ⅲヨハネ二節）が「祈る／祈り」と訳される場合があるが、特に deēsis/deomai はパウロ書簡において、しばしば proseuchē と並列して登場する。[*5] ルカ文書においても deomai（使徒一〇・二）と proseuchē（同四節）が同じ文脈で交換可能なことばとして登場する。ゆえに、本稿では、proseuchē/proseuchomai に加えて、deēsis/deomai（ただし、日本語訳聖書で「祈り／祈る」と訳される箇所。その場合には deēsis/deomai を明記する）をも取り上げることとする。

さて、筆者が今回検討したいテーマは「ルカの福音書における祈り」である。ゆえに、新約聖書における「祈り／祈る」に関する用語の検討を proseuchē/proseuchomai と deēsis/deomai に限定しながらルカ文書に焦点を当てるならば、次のような結果となる。proseuchē は新約聖書で三十六回中ルカが十二回用い、[*6] proseuchomai は新約聖書で八十五回中ルカが三十五回用いる。[*7] deēsis は新約聖書で十六回中ルカが三回用い、[*8] deomai は新約聖書で二十二回中ルカが十五回用いる。[*9]「ルカの福音書」と「使徒の働き」というボリュームのある二巻のルカ文書が新約聖書において占める割合を考慮する必要もあるが、しかし上記の結果は、ルカが第一巻と第二巻において基本的にこれらの「祈り／祈る」に関する語を多用していることを示す。しかし何よりも、ルカが「祈り」に関心を示していることは、これらの用語をルカがどの文脈で、どのように用いているのかを考察することによって、より明確となる。そのような点をこの後詳しく述べていくこととする。

Ⅱ　共観福音書における「祈り」

このたびのテーマは「ルカの福音書における祈り」であるため、「祈り／祈る」についての検討をまずは共観福音書に絞り、共観福音書間における「祈り／祈る」の比較を行う。その結果、以下のように、「人々の祈る姿」、「イエス・キリストの祈る姿」、「祈りについてのイエス・キリストの教え」に区分されることとなる。しかし、大きくは後者の二つに分けられるため、ここでは特に「イエス・キリストの祈る姿」と「祈りについてのイエス・キリストの教え」について詳細な考察をする。そのうえで最終的に「ルカの福音書における祈り」のテキストに見られる特徴をまとめることとしたい。

1　人々の祈る姿

(1)　神殿の外での民の祈り（ルカ一・一〇）
(2)　女預言者アンナの祈り（deēsis）（ルカ二・三七）
(3)　バプテスマのヨハネの弟子たちの祈り（deēsis）（ルカ五・三三）
(4)　イエスが子どもたちに手を置いて祈ってくれるようにと願う親たち（マタイ一九・一三）

この項目については特に取り上げることをしないが、それでも気づくことは、人々の祈る姿にしても、それはルカの福音書に顕著であるということである。

2 イエス・キリストの祈る姿

(1) 共観福音書に共通して「イエス・キリストが祈る姿」

共観福音書に共通してイエス・キリストが祈る姿は、以下のように二つの場面で登場する。

(a) 荒野に退いて祈る（マタイ一四・二三、マルコ一・三五、六・四六、ルカ五・一六）

マタイの福音書一四章二三節とマルコの福音書六章四六節は、五千人への給食に関する並行箇所である。奇跡のわざを行った後、群衆を解散させて一人で祈るためにイエスは山に登る。マルコの福音書一章三五節は、朝早く寂しいところに出かけて祈るイエスの姿から新しい場面が始まる。それに比べ、ルカの福音書五章一六節は以下のように、前節を受けてのイエスの祈る姿を記す。

五章一五—一六節

15 しかし、イエスのうわさはますます広まり、大勢の群衆が話を聞くために、また病気を癒やしてもらうために集まって来た。

16 だが、イエスご自身は寂しいところに退いて祈っておられた。

ルカの福音書の場合で留意すべきは、イエスのうわさを聞きつけてやって来たその群衆に対する反応として、イエスは寂しいところに退いて祈ることである。

(b) ゲツセマネで祈る（マタイ二六・三六、三九、四一―四二、四四、マルコ一四・三二、三五、三八―三九、ルカ二二・四〇―四一、四四、四五、四六）

マタイの福音書（二六・三六―四六）とマルコの福音書（一四・三二―四二）ではゲツセマネにおいてイエスは三度祈ったように記されるが、ルカの福音書（二二・三九―四六）ではそれが一度の祈りとなる。またペテロ、ヤコブ、ヨハネといった特定の弟子たち（マタイ二六・三七、マルコ一四・三三）から、ルカの福音書では弟子たち一般（二二・三九）の描写となる。また、弟子たちの弱さ（マタイ二六・四一、マルコ一四・三八、「霊は燃えていても肉は弱いのです」）や、イエスの人としての恐れ（マルコ一四・三四―三五）の要素が薄まり、ルカの福音書においては次の四三―四四節の描写が加えられる。

43 〔すると、御使いが天から現れて、イエスを力づけた。

44 イエスは苦しみもだえて、いよいよ切に祈られた。汗が血のしずくのように地に落ちた。[*10]」

このように、他の共観福音書とは違って、ゲッセマネでのイエスの祈る姿に対するルカのシンプルな描写は、この箇所の最初と最後に、挟むようにして登場するイエスの宣言、「(どうして眠っているのか。)誘惑に陥らないように、(起きて)祈っていなさい」(ルカ二二・四〇、四六)が強調されることとなる。[*11] このようにして、眠り込む弟子たちの姿はイエスの祈る姿とは対照的(四三―四四節参照)となるが、しかしゲッセマネでのイエスの祈る姿は十字架を前にしてだけのものではない。それがイエスの常の姿であったことは、以下のように、この場面におけるルカの書き出しからもわかる。

39 それからイエスは出て行き、いつものように(kata to ethos)オリーブ山に行かれた。弟子たちもイエスに従った。
40 いつもの場所に(epi tou topou)来ると、イエスは彼らに、「誘惑に陥らないように祈っていなさい」と言われた。

自身の生涯における最大の危機を前にして、しかしイエスは、いつものごとく、いつもの場所で祈る。

(2) ルカの福音書においてのみ「イエス・キリストが祈る姿」

ルカの福音書においてイエス・キリストが祈る姿の二つめが特徴的であるが、それがルカの福音書においてのみ見られるイエス・キリストの祈る姿である。

(a) 受洗の時（ルカ三・二一—二二）

21 さて、民がみなバプテスマを受けていたころ、イエスもバプテスマを受けられた。そして祈っておられると、天が開け、
22 聖霊が鳩のような形をして、イエスの上に降って来られた。すると、天から声がした。「あなたはわたしの愛する子。わたしはあなたを喜ぶ。」

並行箇所のマタイの福音書（三・一六）とマルコの福音書（一・一〇）においては、イエスの祈りについての言及はない。ゆえにイエスへの聖霊降臨はイエスのバプテスマと結びつけられるが、ルカの福音書ではイエスの聖霊降臨はイエスのバプテスマのみならず、イエスの祈りと結びつけられることとなる。イエスの祈りの強調は、「イエスもバプテスマを授けられた。そして祈っておられると」の二つの分詞において、「バプテスマを受けられた」(baptisthentos) が過去形であるのに対し、「祈っておられる」(proseuchomenou)

が現在形であることにも表されているのではないかと思われる。[*12]

(b) 十二弟子を選ぶ時(ルカ六・一二―一三)

12 そのころ、イエスは祈るために山に行き、神に祈りながら夜を明かされた。**13** そして、夜が明けると弟子たちを呼び寄せ、その中から十二人を選び、彼らに使徒という名をお与えになった。

この箇所においても、並行箇所のマタイの福音書(一〇・一―一二)とマルコの福音書(三・一三―一四)ではイエスの祈りについての言及はない。特にマルコの福音書においては、「イエスが山に登り、ご自分が望む者たちを呼び寄せられると」と、やはり「山」への言及があるが、そこにイエスの祈る姿は記されていない。しかしルカの福音書においては、「イエスは祈るために(proseuxasthai)山に行き」、「神に祈りながら(en tȩ̄ proseuchȩ̄ tou theou)夜を明かされた」と記される。そして「夜が明けると弟子たちを呼び寄せ」と、やはり当該箇所においてもイエスの弟子選びがイエスの祈りと結びつけられることとなる。

(c) 弟子たちに自身に対する告白を臨む時(ルカ九・一八―二〇)

18 さて、イエスが一人で祈っておられたとき、弟子たちも一緒にいた。イエスは彼らにお尋ねになった。「群衆はわたしのことをだれだと言っていますか。」
19 彼らは答えた。「バプテスマのヨハネだと言っています。エリヤだと言う人たち、
昔の預言者の一人が生き返ったのだと言う人たちもいます。」
20 イエスは彼らに言われた。「あなたがたは、わたしをだれだと言いますか。」ペテ
ロが答えた。「神のキリストです。」

共観福音書においてはイエスに対するペテロの告白（マタイ一六・一六、マルコ八・二九、ルカ九・二〇）を境にして、前半は「ガリラヤにおけるイエスの教えと宣教」（マタイ一・一―一六・二〇、マルコ一・一―八・三〇、ルカ一・一―九・五〇）、後半は「イエスのエルサレムへの道、苦難の死と復活」（マタイ一六・二一―二八・二〇、マルコ八・三一―一六・八、ルカ九・五一―二四・五三）に分けられる。[*13] その重要なペテロの告白において、ルカの福音書のみが「イエスが一人で祈っておられたとき」と語る。主文は「弟子たちが彼と一緒にいた（synēsan autō̧ hoi mathētai）」である。そのときに、イエスは「一人で（kata monas）祈っておられた（en tō̧ einai auton proseuchomenon）」が、イエス一人の祈りが長く続いたことが分詞の迂言的用法（the Periphrastic Use of the Participle）によって強調される。このイエスの祈りは、その後に起こるためのものであり、[*14] イエスに対しての弟子たちの告白のためであったと言えるだろう。I・H・マーシャル（I. H. Marshall）は次のよ

うに言う。

ここでの祈りは明らかに、後に続く決定的な啓示が現される前の、神の導きを願ってのものである。その後、イエスは、群衆（マルコの福音書では anthrōpoi）は自分のことをだれだと、つまりは自分はどのような務めを成し遂げようとしているのかと尋ねることによって、イエスはイニシアチブを取られる。[*15]

確かに、マタイの福音書ではペテロのキリスト告白について次のように言われる。「すると、イエスは彼に答えられた。『バルヨナ・シモン、あなたは幸いです。このことをあなたに明らかにしたのは血肉ではなく、天におられるわたしの父です』」（一六・一七）。このようにルカの福音書においては、啓示とも理解されるペテロの重要なキリスト告白がイエスの祈りと結びつけられることとなる。

(d)　山での変貌の時（ルカ九・二八―二九）

28 これらのことを教えてから八日ほどして、イエスはペテロとヨハネとヤコブを連れて、祈るために山に登られた。
29 祈っておられると、その御顔の様子が変わり、その衣は白く光り輝いた。

山におけるイエスの変貌の記事においても、ルカのみがイエスの祈りについて記録する（マタイ一七・一―二、マルコ九・二参照）。まずはイエスがペテロとヨハネとヤコブを連れて山に登ること自体、その目的は「祈るため（proseuxasthai）」（二八節）であった。そして再度「イエスが祈っておられると（en tō proseuchesthai auton）」（二九節）と、proseuchomai が二度ほど使用される。そして、二九節の時制は現在形で表される。つまり、マタイの福音書やマルコの福音書とは違って、ルカの福音書においては「イエスが祈っているとき」に変貌が起こるのである。[*16]

(e) 弟子たちに「祈り」を教える時（ルカ一一・一―二）

1 さて、イエスはある場所で祈っておられた。祈りが終わると、弟子の一人がイエスに言った。「主よ。ヨハネが弟子たちに教えたように、私たちにも祈りを教えてください。」

2 そこでイエスは彼らに言われた。「祈るときには、こう言いなさい。『父よ、御名が聖なるものとされますように。御国が来ますように。……』」

マタイ版「主の祈り」は祈りに関するテーマとしては大きな文脈に置かれる（六・五―

一三）が、その本来のテーマは「真の敬虔さ」ということであって、祈りはその一面にすぎない。[*17] マタイの福音書では、「祈るとき偽善者たちのようであってはいけません」（五節）、「家の奥の自分の部屋に入りなさい」（六節）、「異邦人のように、同じことばをただ繰り返してはいけません」（七節）を受けて、「ですから、あなたがたはこう祈りなさい」（九節）と「主の祈り」が続く。

しかし、ルカ版「主の祈り」では、「さて、イエスはある場所で祈っておられた（kai egeneto en tō einai auton en topō tini proseuchomenon）」（一一・一）と、新しい場面設定としてそのペリコーペ（まとまった段落）が始まる。そして「彼は終えると（hōs epausato）」と、原文では「祈る」という語は出てこないにしても、イエスが祈り終えたときのことを強調する。そこに弟子の一人が「私たちにも祈りを教えてください（didaxon hēmas proseuchesthai）」と申し出る。そして、それに答えるようにして、イエスが「祈るときには（hotan proseuchēsthe）、こう言いなさい」と言って、「主の祈り」を教える。proseuchomai が三度も登場し、特に一節では他の動詞が過去形であるのに対して、proseuchomai はいずれも現在形で強調されているように思われる。また二節の「祈るときには（hotan proseuchēsthe）」は hotan ＋現在形接続法で、祈りが繰り返されること（"whenever you pray"/"on all occasions of prayer"）を前提とする。[*18] このようにルカ版「主の祈り」の場面においては、祈るキリストが、「祈りを教えてください」という弟子たちに対して、いつも弟子たちが祈るべきことについて教えるという設定となる。

(f) ペテロのためのとりなし（ルカ二二・三二）

しかし、わたしはあなたのために、あなたの信仰がなくならないように祈りました(deomai)。ですから、あなたは立ち直ったら、兄弟たちを力づけてやりなさい。

「ルカの福音書においてのみ見られるイエス・キリストの祈る姿」のカテゴリーにおいて、当該箇所は特有である。なぜなら、他の「受洗の時」、「十二弟子を選ぶ時」、「弟子たちに自身に対する告白を臨む時」、「山での変貌の時」、「弟子たちに祈りを教える時」では、共観福音書における並行記事でありながら、ルカの福音書においてのみイエスの祈りが強調されている箇所であった。しかし当該箇所は、その記事自体ルカの福音書にしか見られない箇所だからである。ここでのイエスの祈り（deomai）はペテロのためのとりなしの祈りとなるが、上記の、共観福音書における並行記事でありながら、ルカの福音書においてのみイエスの祈りが強調されている箇所ではすべてproseuchomaiが使われる。概して、イエス「自身」の歩み方に関すること、つまりイエス自身の歩み方に神のみこころを求め、神のみこころが成るように、といった祈りが含まれる際にはproseuchomaiが使われているように思われる。

以上、ルカの福音書においては、当福音書においてのみ見られるイエス・キリストの祈る姿が際立つ。上記の箇所のほかにルカの福音書二三章三四節、四六節の十字架上のイエスの祈りも含まれうるが、[*19] もしもそれらをルカの福音書の祈りのテーマの検討に加えるならば、proseuchē/proseuchomai, deēsis/deomai 以外の、本稿の「序」で触れた「祈り」に関連する語彙群も取り上げる必要が出てくるであろう。[*20] 本稿では、他の共観福音書においてはイエスが祈っているようには描写されていない箇所で、ルカのみがそのように描写している箇所に留意したい。すると、その際には、読者に明確にそのことを理解させるかのごとく、ルカは特に proseuchomai を用いているのではないかと推測される。ゆえに、ルカの福音書においては、特に proseuchomai の用法に留意すべきではないかと思われる。

3　祈りについてのイエス・キリストの教え

(1)　共観福音書における「祈りについてのイエス・キリストの教え」

共観福音書における「祈りについてのイエス・キリストの教え」は、以下のようになる。

(a)　祈りによって霊を追い出す（マルコ九・二九）

(b)　迫害する者／侮辱する者たちのために祈る（マタイ五・四四、ルカ六・二八）

(c)「偽善者たち／異邦人のようであってはいけない」（マタイ六・五―七）
(d) 主の祈り（マタイ六・九、ルカ一一・二）
(e)「祈りの家」（マタイ二一・一三、マルコ一一・一七、ルカ一九・四六）
(f)「祈り求めるものは何でも」（マタイ二一・二二、マルコ一一・二四〔―二五〕）
(g) 長い祈りについての警告（マルコ一二・四〇、ルカ二〇・四七）
(h)「冬に起こらないように」（マタイ二四・二〇、マルコ一三・一八）
(i)「収穫のために働き手を送ってくださるように」(deomai)（マタイ九・三八、ルカ一〇・二）

ここからわかることは、他の共観福音書が「祈り」について何ら関心を示していないのではないということである。共観福音書における「祈りについてのイエス・キリストの教え」のカテゴリーにおいては、以下のように、マルコの福音書では「祈り」(proseuchē)が用いられていたのに、マタイの福音書、ルカの福音書においてはそうではないという場合もある。

マルコの福音書九章二九節

すると、イエスは言われた。「この種のものは、祈りによらなければ、何によっても追い出すことができません。」

イエスは言われた。「あなたがたの信仰が薄いからです。まことに、あなたがたに言います。もし、からし種ほどの信仰があるなら、この山に『ここからあそこに移れ』と言えば移ります。あなたがたにできないことは何もありません。」

マタイの福音書一七章二〇節

ルカの福音書においてはこの場面は大きく変わっており、同じ内容のことばを見つけることはできない（ルカ九・四一参照）。また、いちじくの木にまつわる「……祈り求めるものは何でも受けることになります」（マタイ二一・二二、マルコ一一・二四〔―二五〕）のことばも、ルカの福音書には見当たらない。ここでは上記の、共観福音書における「祈りについてのイエス・キリストの教え」の一つ一つを詳細に比べることはできないが、ここで特に留意しなければならないのは「主の祈り」だと思われる。

「主の祈り」についてはそもそも場面設定がマタイの福音書とは違っていて、ルカの福音書においては「祈るキリストが、『祈りを教えてください』と言う弟子たちに対して、いつも弟子たちが祈るべきことについて教えている」ということはすでに述べた。[*21] ここで二つの福音書における「主の祈り」の詳細な比較を行うことはできないが、マタイ版「主の祈り」とルカ版「主の祈り」の内容の相違点について少しばかり触れることにする。そそのうえで、ルカ版「主の祈り」に続く、イエスのたとえ話にも注目したいと思う。

二つの福音書における「主の祈り」を比べると、以下のようになる。

マタイの福音書六章九―一三節

9 ですから、あなたがたはこう祈りなさい。
『天にいます私たちの父よ。

御名が聖なるものとされますように。
10 御国が来ますように。
みこころが天で行われるように、

ルカの福音書一一章一―四節

1 さて、イエスはある場所で祈っておられた。祈りが終わると、弟子の一人がイエスに言った。「主よ。ヨハネが弟子たちに教えたように、私たちにも祈りを教えてください。」
2 そこでイエスは彼らに言われた。「祈るときには、こう言いなさい。
『父よ、
御名が聖なるものとされますように。
御国が来ますように。

地でも行われますように (genēthētō to thelēma sou)。

11 私たちの日ごとの糧を、
今日もお与えください。

12 私たちの負い目をお赦しください。
私たちも、私たちに負い目のある人たちを赦します。

13 私たちを試みにあわせないで (kai mē eisenegkēs hēmas eis peirasmon)、
悪からお救いください。』

3 私たちの日ごとの糧を、
毎日お与えください。

4 私たちの罪をお赦しください。
私たちも私たちに負い目のある者をみな赦します。
私たちを試みにあわせないでください (kai mē eisenegkēs hēmas eis peirasmon)。』

まず注目すべきは、ルカ版「主の祈り」では「私たちを試みにあわせないでください」(一一・四)が最後のことばとなることである。しかしマタイ版「主の祈り」では、「私たちを悪からお救いください」が最後のことばとなる。[*22] すでに述べたように、[*23] ルカの福音書におけるゲツセマネの場面でイエスの最初と最後の宣言(二二・四〇、四六)が強調されているとするならば、同福音書における「主の祈り」においても同じ内容のことばが「主の祈り」の最後となることは興味深い。[*24]

主の祈り（一一・四）

kai mē eisenegkēs　hēmas eis peirasmon.「私たちを試みにあわせないでください。」

ゲツセマネでの祈り（二二・四〇、四六）

40 proseuchesthe mē eiselthein eis peirasmon.「誘惑に陥らないように祈っていなさい。」

46 anastantes proseuchesthe, hina mē eiselthēte eis peirasmon.「誘惑に陥らないように、起きて祈っていなさい。」

このように、ルカの福音書においては「主の祈り」と「主のゲツセマネでの祈り」が結びつく。しかしこのことは、マタイ版「主の祈り」からも指摘することができる。マタイ版とルカ版における「主の祈り」のもう一つの相違点は、ルカ版「主の祈り」には、マタイ版「主の祈り」における「みこころが天で行われるように、地でも行われますように」が見当たらないことである。この「みこころが行われるように（genēthētō to thelēma sou）」は、共観福音書でゲツセマネにおけるイエスの祈りの場面に見られるが、以下のようにそれぞれの表現は微妙に異なる。

マタイの福音書二六章三九節

……「わが父よ、できることなら、この杯をわたしから過ぎ去らせてください。しかし、わたしが望むようにではなく、あなたが望まれるままに、なさってください(plēn ouch hōs egō thelō all' hōs sy)。」

マタイの福音書二六章四二節

……「わが父よ。わたしが飲まなければこの杯が過ぎ去らないのであれば、あなたのみこころがなりますように(genēthētō to thelēma sou)」と祈られた。

マルコの福音書一四章三六節

「……しかし、わたしの望むことではなく、あなたがお望みになることが行われますように(all' ou ti egō thelō alla ti sy)。」

ルカの福音書二二章四二節

「……しかし、わたしの願いではなく、みこころがなりますように(plēn mē to thelēma mou alla to son ginesthō)。」

しかし上記においてマタイの福音書におけるゲツセマネの場面のみ、「あなたのみこころがなりますように」にまつわる表現が二度登場し、しかも二度目にはマタイ版「主の祈り」の表現と全く同じである。つまりは、イエスが弟子たちに教えた「主の祈り」の一部を、イエス自身がその最大の試練の中で祈られたということが言えるのではないか。そしてその際に、マタイは「みこころが行われるように」という部分に焦点を当て、ルカは「試みに会わせないように／誘惑に陥らないように」という部分に焦点を当てていると言えるのかもしれない。このように、ルカ版「主の祈り」の「試みに会わせないように／誘惑に陥らないように」という最後のことばは、ゲツセマネの場面に結びつくことばとして「主の祈り」を締めくくっているのかもしれない。

あと一点、マタイ版「主の祈り」とルカ版「主の祈り」の違いで取り上げたいことは、ルカ版「主の祈り」にはイエスのたとえ話（一一・五—一三）が続くことである。マーシャルは、たとえ話をも含めたルカの福音書一一章一—一三節を次のように分析する。

ルカの福音書一一章一—一三節

一節　　いかに祈るべきかについての教え

二—四節　　祈るべきこと（a pattern prayer）

五―八節　「神が祈りに答える準備があること」についてのたとえ話
九―一〇節　「神が祈りに答えることの確かさ」についての宣言
一一―一三節　「神は祈りに答える準備があること」についての最終的議論
――人間の父親がその子の求めに応じるよりもなおさらに――

ルカの福音書一一章九―一〇節には proseuchē/proseuchomai, deēsis/deomai こそ登場しないが、aiteō（求める、願う）、zēteō（探す）、krouō（たたく〔to knock〕）が、つまりは本発表「序」で触れた「祈り」に関連する語彙群が登場し、やはり祈りの文脈が続く。[*25] しかし、ここでもその中心はたとえ話の中に出てくる「友だちのしつこさ（tēn anaideian autou）」だと言えるであろう。

ルカの福音書一一章八節
あなたがたに言います。この人は、友だちだからというだけでは、起きて何かをあげることはしないでしょう。しかし、友だちのしつこさのゆえなら起き上がり、必要なものは何でもあげるでしょう。

この友だちの「しつこさ」とは、「断られても何度も頼み続ける」という繰り返しというよりも、むしろその頼み事の「大胆さ」、「厚かましさ」だと言われる。D・L・ボック(D. L. Bock)はそれを次のように説明する。

「ここでの強調は頼むことの粘り強さとか繰り返しというよりも、頼むことの大胆さ、もしくは厚かましさということである。……この請願は厚かましいのである。……真夜中に、隣人(と、たぶんその家族全員)をたたき起こすという厚かましさなのである。[*26]」

以上、ルカの福音書一一章五―一三節の文脈はルカ版「主の祈り」との連続性の中にあると言うことができる。「祈るキリストが、『祈りを教えてください』と言う弟子たちに対して、いつも弟子たちが祈るべきことについて教える」という「主の祈り」は、ゲツセマネでも実践されるべき祈りであった。そのような「主の祈り」が教えられた後、「しかも、祈る時は、大胆に、厚かましく、神に祈れ」とさえ言っているようなたとえ話につながっていくのであった。

(2) ルカの福音書においてのみの「祈りについてのイエス・キリストの教え」

ルカの福音書においてのみ見られる「祈りについてのイエス・キリストの教え」は、一八章一―八節、九―一四節、二一章二九―三六節の三か所に見られる。

ルカの福音書一八章一節

いつでも祈る（proseuchesthai）べきで、失望してはいけないことを教えるために、イエスは弟子たちにたとえを話された。

ルカの福音書一八章一〇―一一節

10 二人の人が祈る（proseuxasthai）ために宮に上って行った。一人はパリサイ人で、もう一人は取税人であった。
11 パリサイ人は立って、心の中でこんな祈りをした（proseucheto）。「神よ。私がほかの人たちのように、奪い取る者、不正な者、姦淫する者でないこと、あるいは、この取税人のようでないことを感謝します。……」

ルカの福音書二一章三六節

しかし、あなたがたは、必ず起こるこれらすべてのことから逃れて、人の子の前に立つことができるように、いつも目を覚まして祈って（deomenoi）いなさい。

おもしろいことに、これら三か所はどれもたとえ話との関連の中で語られる。ルカの福音書一八章の祈りに関する二つのたとえ話は、ルカの福音書に特有のものとしてよく取り上げられる。しかしdeomaiも考慮に入れるならば、むしろルカの福音書一八章一節と二一章三六節に共通点を見出すことができる。ルカの福音書一八章九節以降のたとえ話においては二人の祈りが比べられているとしても、このたとえ話の主題は「祈り」についてというよりも「だれが義と認められるのか」（一四節）ということである（「自分は正しいと確信していて、ほかの人々を見下している人たちに、イエスはこのようなたとえを話された」〔九節〕）[*27]。しかし、以下のように、ルカの福音書一八章一節と二一章三六節が次の二点において類似する。

第一は、「いつも」祈るべきことの強調である。ルカの福音書一八章一節では、イエスのたとえは「いつでも（pantote）祈るべき」ことを教えるためであったが、ルカの福音書二一章三六節においても、イエスのたとえの最後に「いつも（en panti kairō）目を覚まして祈っていなさい」と言われる。

第二は、「人の子の来臨」という文脈である。ルカの福音書一八章一節以降のたとえ話の最後は「だが、人の子が来るとき（ho huios tou anthrōpou elthōn）」（八節）で締めくくられ、それは終わりの日における人の子の来臨における文脈だと言うことができる。そもそも、ルカの福音書一八章は一七章二〇節の、パリサイ人たちによる「神の国はいつ来るのか」との質問で始まる場面の連続性の中にある。ルカの福音書二一章の場合にも同様のことが言える。ルカの福音書二一章三六節においても「人の子の前に立つことができるように（stathēnai emprosthen tou huiou tou anthrōpou）」と、それは終わりの日における人の子の来臨の文脈であるが、やはりルカの福音書二一章では五節からイエスによる終わりの日についての教えが語られており、三六節はその終わりの日についてのイエスの教えの結論部分であった。

このように、ルカの福音書一八章から二一章へと祈りのテーマが結びつく。そこで顕著なことは、弟子たちが「いつでも祈るべきであること」は、彼らの終末的な生き方と結びついていることであった。しかし同時に、ルカの福音書一八章は一一章からの祈りのテーマの連続性の中にもある。ルカの福音書一一章における「しつこい」祈りのたとえ話（五—八節）は、一八章のやもめの、やはり「しつこい」祈りのたとえ話（一—八節）に類似するのである。

Ⅲ　ルカの福音書における「祈り」

ここでは、前項の結果を踏まえ、ルカの福音書において「祈り／祈る」について触れられている箇所をナラティブの流れにしたがって列挙する。その際、他の共観福音書と比べて、ルカがこのテーマについて独特の記し方をしている箇所、またルカの福音書にしか載っていない箇所に傍点を付け、ルカが「祈り／祈る」のテーマにおいて強調している点をまとめることとする。

一・一〇——人々の祈る姿——神殿の外での民の祈り
二・一七——人々の祈る姿——女預言者アンナの祈り（deēsis）
三・二一——キリストの祈る姿——受洗
五・一六——キリストの祈る姿——荒野に退いて
五・三三——人々の祈る姿——バプテスマのヨハネの弟子たちの祈り（deēsis）
六・一二——キリストの祈る姿——十二弟子の選び
六・二八——祈りについてのキリストの教え——敵／迫害する者のため
九・一八——キリストの祈る姿——弟子たちに自身に対する告白を臨む
九・二八—二九——キリストの祈る姿——山での変貌
一〇・二——祈りについてのキリストの教え——「収穫のために働き手を送ってくださるように」（deomai）
一一・一——キリストの祈る姿——弟子たちに「祈り」を教える
一一・二——祈りについてのキリストの教え——主の祈り

一八・一――祈りについてのキリストの教え――祈りについてのたとえ話
一八・一〇―一一――祈りについてのキリストの教え――祈りについてのたとえ話
一九・四六――祈りについてのキリストの教え――「祈りの家」
二〇・四七――祈りについてのキリストの教え――長い祈りについての警告
二一・三六――祈りについてのキリストの教え――祈りについてのたとえ話（deomai）
二二・三二――キリストの祈る姿――ペテロのためのとりなし（deomai）
二二・四〇―四六――キリストの祈る姿――ゲツセマネにて

ここからわかる第一のことは、他の共観福音書に比べて、ルカの福音書にはキリストの生涯におけるキリスト「自身」の祈る姿が記されていることである。つまりは、「キリストの受洗と聖霊降臨の時」、「癒やしを行った後」、「十二弟子を選ぶ時」、「弟子たちに自身に対する告白を臨む時」、「山で変貌する時」、「弟子たちに祈りを教える時」、「十字架の前のゲツセマネでの時」に、キリストは祈られる。それらに「ペテロのためのとりなしの祈り」も加えられるのかもしれないが、しかし「ペテロのためのとりなしの祈り」以外はキリストの生涯におけるキリスト「自身」の危機であったり重要な局面であったりする。その際に「キリストは祈ったからこそ、神のみこころのうちを歩んだ」かのごとくに、ルカはキリストの祈る姿を記録する。つまりは、イエス・キリスト「自身」、その生涯の「いつも」祈ったと言うことができる。ゆえに、キリストの生涯における祈りについての最後の記述、ゲツセマネにおける祈りについては次のように記される。

ルカの福音書二二章三九―四〇節

39 それからイエスは出て行き、いつものようにオリーブ山に行かれた。弟子たちもイエスに従った。
40 いつもの場所に来ると、イエスは彼らに、「誘惑に陥らないように祈っていなさい」と言われた。

そして第二に、このイエスの祈りに関する「いつも」は、ルカの福音書における祈りについてのキリストの教えに結びつく。ルカの福音書一八章一節では「いつでも祈るべきで、失望してはいけないことを教えるために、イエスは弟子たちにたとえを話された」と言う。同様に二一章三六節でも「しかし、あなたがたは、必ず起こるこれらすべてのことから逃れて、人の子の前に立つことができるように、いつも目を覚まして祈っていなさい」と言う。ルカの福音書における祈りについてのキリストの教えも「いつも祈るように」ということであった。

そして最後に、上記の二つの、キリスト自身が「いつも祈る」姿と、キリストによる

「いつも祈るように」という教えは、ルカの記録する「主の祈り」によってみごとに結びつく。祈るキリストが、「祈りを教えていただきたい」と言う弟子たちに、祈りについて教える。

ルカの福音書一一章一―二節

1 さて、イエスはある場所で祈っておられた。祈りが終わると、弟子の一人がイエスに言った。「主よ。ヨハネが弟子たちに教えたように、私たちにも祈りを教えてください。」
2 そこでイエスは彼らに言われた。「祈るときには、こう言いなさい。……」

このルカ版「主の祈り」の最後のことば、「私たちを試みにあわせないでください」が、まさしく十字架の前のゲツセマネの場面に結びつく。キリストが弟子たちに教えた祈りは、まさにこのような時のためであった。しかしそこでも祈るのはキリストであって、そのキリストの祈る姿は弟子たちとは対照的であった。

このように、ルカの福音書においては、「生涯における危機や重要な局面の時に祈る」イエス自身の姿を見ることができるし、またそのイエスが弟子たちの生涯においても同じことを教えておられるということを知ることができるのである。

Ⅳ　神学的テーマとしてのルカ文書における「祈り」

以上見てきたような点から、ルカの福音書、またはルカ文書における「祈り」の強調についてはすでによく知られたところであると思われる。このテーマにおける大著としては、W・オット（W. Ott, *Gebet und Heil: Die Bedeutung der Gebetsparänese in der lukanischen Theologie*）、O・G・ハリス（O. G. Harris, *Prayer in Luke-Acts: A Study in the Theology of Luke*）、C・フールマン（C. Fuhrmann, *A Redactional Study of Prayer in the Gospel of Luke*）などによる学位論文、そのほか、S・F・プリメイル（S. F. Plymale, *The Prayer Texts of Luke-Acts*）、D・クランプ（D. Crump, *Jesus the Intercessor: Prayer and Christology in Luke-Act*）などによる著書を挙げることができる。[*28] 加えて、このテーマについての幾つかの小論文がある。[*29] このテーマについての日本語文献としては、たとえば、加山久夫氏による「ルカの神学と表現」や、J・B・グリーン（J. B. Green）による『ルカ福音書の神学』の著作があるが、[*30] それほど詳細なものではない。また注解書関連でも、筆者の知るかぎりにおいては、緒論部分において、たとえばレオン・モリス（Leon Morris）による『ルカの福音書』やA・プラマー（A. Plummer）による『聖ルカ福音書』（*St. Luke*）が「祈り」のテーマについての紹介をする程度である。[*31] ルカ文書における「祈り」の強調についてはすでによく知られていながらも、意外にも我々日本人クリスチャンにはよく理解されていなかったテーマなのかもしれない。本稿の土台となった発表では時間的・資料入手的制限のために上記の文献のすべてをチェックすることはできなかったが、しかし特にK・S・ハン（K. S. Han）がこのテーマにおける先行研究をまとめているため、まずは彼の小論文を参考に先行研究を整理することとする。

1　先行研究（K・S・ハンによるまとめ）

ルカ文書における「祈り」の神学的テーマの目的として、先行研究は二つの方向性に分かれる。一つがdidactic viewであり、もう一つがsalvation-history viewだと言える。

(1)　教会のための モデルとしての祈り（didactic view）

最初にルカ文書における「祈り」のモティーフに注目したのがW・オットだと言われるが、彼はルカの祈りの強調の目的は教えのためで、イエスと初代教会による模範的祈りが強調されているのだ、と言う。しかし、ルカ福音書と使徒の働きにおける祈りのテキストすべてを扱っていない点が批判される。[*32] 彼のdidactic viewは、そもそも「再臨の遅れ」により教会が長い期間にわたって地上に存続しなくてはならなくなったゆえだとする、H・コンツェルマン（H. Conzelmann）の編集批評学的立場が影響を与えていることも指摘しておかなくてはならない。[*33]

(2) 救済史の手段としての祈り（salvation-history view）

O・G・ハリスは、ルカの祈りの強調の目的は救済史と関連しており、祈りこそが、神が贖いの歴史の道を導く際の重要な手段であることを示しているのだ、と言う。このように、イエスと初代教会の宣教は、神が祈りを通して導かれたと主張する。しかしハリスの場合も、コンツェルマンの提唱する三段階の救済史（*The Theology of St. Luke*）を前提とする。[*34] この時代のルカ文書に対するコンツェルマンの影響が大きかったことがわかる。

ハンによれば、その後の学者たちはルカの祈りの強調の目的について、オットかハリスのどちらかに傾きつつも、その二つの方向性に賛同する、と分析する。[*35]

(3) 上記の二つの神学的方向性から離れて

M・ターナー（M. Turner）は、上記の二つの神学的方向性から一線を画す。彼は、「ルカによる祈りの重要性というものはただ一つのモティーフに限定されるべきではない」と言う。[*36] しかしそのターナーの取り扱いに対して、ハンは、「ルカの祈りのテキストに対する編集作業の跡を見るとき、何かしらの原則があるのではないか」、また「使徒の働きにおける祈りのテキストがルカの福音書における祈りのテキストに対応している」と考える。[*37]そしてハンは、didactic view に立つと、ルカの福音書におけるイエス自身の祈りに対する説明が弱くなるが、salvation-history view に立つと、今度はイエスの祈りと祈りについてのイエスの教えとの関係に対する説明が弱くなると指摘する。[*38] このようにしてハンも、ターナーのように、ルカの祈りの強調に対する上記の二つの神学的方向性からは離れた立場に立ちつつも、「ルカの福音書におけるイエスの祈りはすべてイエスの十字架に結びつき、祈りについてのイエスの教えは、キリストの弟子であることと神の国に関係していく」と主張する。[*39] 確かにイエスの地上における道は十字架に至るわけで、その意味においてはハンの言うようにイエスの祈りと十字架が結びつくという説明が成り立つのかもしれない。しかし、これまでの先行研究においても使徒の働きにおける祈りのテーマが扱われなかった点がしばしば弱点とされていたのではなかったのか。使徒の働きにおいても、祈りのテーマとイエスの十字架というテーマが結びつくのか。筆者にはそれがハンの主張の弱さのように思える。

以上、ルカによる祈りのテーマについては、ルカの福音書と使徒の働きの両書を含めての、ルカ文書における祈りの神学的テーマとして考察する必要があると思われる。ゆえに、次項では使徒の働きにおける祈りのテーマをまとめることとする。

2　使徒の働きにおける「祈り」

使徒の働きにおいては、deēsis（祈り、願い）は登場しない。proseuchē（祈り）、proseuchomai（祈る）、deomai（祈る、願う）を使徒の働きのナラティブの流れに沿って羅列すると以下のようになる。

一・一四――教会の祈る姿――「いつも心を一つにして」
一・二四――教会の祈る姿――使徒補充を前に
二・四二――教会の祈る姿――「いつも」
三・一――ペテロの祈る姿――（ヨハネと）午後三時の祈りの時間に宮に上って
四・三一――教会の祈る姿――迫害に際して（deomai）
六・四――使徒たちの祈る姿――祈りとみことばの奉仕への専念
六・六――教会の祈る姿――御霊と知恵に満ちた、評判の良い人たち七人の働きを前に
八・一五――使徒たちの祈る姿――サマリアの人々が聖霊を受けるように
八・二二――人々の祈る姿――魔術師シモンにかかわる祈り（deomai）
八・二四――人々の祈る姿――魔術師シモンにかかわる祈り（deomai）
九・一一――パウロの祈る姿――パウロ（サウロ）の回心に際して
九・四〇――ペテロの祈る姿――奇跡（タビタのよみがえり）を行う前に

一〇・二――人々の祈る姿――コルネリウスの施しといつもの祈り（deomai）
一〇・四――人々の祈る姿――コルネリウスの祈りと施し
一〇・九――ペテロの祈る姿――祈るために屋上に
一〇・三〇――人々の祈る姿――コルネリウスの午後三時の祈り
一〇・三一――人々の祈る姿――コルネリウスの祈りと施し
一一・五――ペテロの祈る姿――ヤッファの町で
一二・五――教会の祈る姿――ペテロに対する迫害に際して
一二・一二――教会の祈る姿――ペテロに対する迫害に際して
一三・三――教会の祈る姿――バルナバとサウロを派遣する前に
一四・二三――パウロの祈る姿――（バルナバと）教会ごとに長老たちを選ぶ際に
一六・二五――パウロの祈る姿――（シラスと）迫害に際して（牢の中で）
二〇・三六――パウロの祈る姿――エペソの教会の長老たちとの別れ
二一・五――パウロの祈る姿――ツロの弟子たちとの別れ
二二・一七――パウロの祈る姿――パウロ（サウロ）の回心に際して
二八・八――パウロの祈る姿――奇跡（プブリウスの父親の癒やし）を行う前に

これらをまとめると、以下のようになる。ここでは、サマリアの町におけるペテロと魔術師シモンとの「祈るように」とのやりとり（八・二二、二四）は除外するものとする。

(1)　人々の祈る姿

異邦人として最初に聖霊が降るコルネリウスは、以前から祈る人物として描かれる（一〇・二、四、三〇、三一）。

(2)　教会の祈る姿

(a)　一般的記述（一・一四、二・二四）

教会の常の姿が二度ほど登場するが、以下のように類似する。

1・14 彼らはみな、女たちとイエスの母マリア、およびイエスの兄弟たちとともに、いつも心を一つにして祈っていた（ēsan proskarterountes homothymadon tȩ̄ proseuchȩ̄）。

2・42 彼らはいつも、使徒たちの教えを守り、交わりを持ち、パンを裂き、祈りをしていた（ēsan de proskarterountes tȩ̄ didachȩ̄ tōn apostolōn kai tȩ̄ koinōnia̧, tȩ̄ klasei tou artou kai tais proseuchais）。

上記の二か所とも、「いつも〜する」を意味する分詞の proskartereō が未完了形の

eimi動詞とともに登場し、継続性・連続性が強調される（分詞の迂言的用法）。二章四二節においては、初代教会が「使徒たちの教えを守ること」、「交わりを持つこと」、「パンを裂くこと」、「祈りをすること」を「いつもしていた」ことが描かれる。それら四つはすべて名詞形で表されるが、その中で「祈ること」だけが複数（tais proseuchais）で記される。初代教会の特に祈る姿の描写をさらに強める要素だと言えるだろう。[*40] また、使徒の働き一章一四節にはhomothymadon「心を一つにして」が出てくるが、使徒の働きにおいては、ほかにも初代教会が祈る時（四・二四）、また初代教会の通常の姿を表す時（二・四六）に登場する。このように上記の二か所は、「いつも祈る姿」が初代教会の通常の姿であったことを示す。

(b)　使徒補充の選びを前に（一・二四）
ユダの脱落ゆえに使徒補充のための選びを必要としていた初代教会は、まずヨセフとマッティアの二人を立てた後、「あなたがお選びになった一人をお示しください」と祈る。

(c)　迫害に際して（四・三一、一二・五、一二）
捕らえられたペテロとヨハネは教会の交わりに帰って行くが、その後教会は祈る。彼らが祈る（deēthentōn）と、「集まっていた場所が揺れ動き、一同は聖霊に満たされ、神のことばを大胆に語り出した」(四・三一)。また、再度ペテロが捕らえられた時、教会ではペテロのための祈りが連続(分詞の迂言的用法)して(一二・一二)、熱心に(ektenōs)ささげられて(一二・五)いた。

(d) 御霊と知恵に満ちた、評判の良い人たち七人の働きを前に(六・六)
初代教会が使徒たち以外に「御霊と知恵に満ちた、評判の良い人たち七人」を選んだ後、彼らの働きを前にして、使徒たちは「祈って、彼らの上に手を置いた」。

(e) バルナバとサウロを派遣する前に(一三・三)
聖霊の導きによりアンティオキアの教会がバルナバとサウロを派遣する時に、教会は断食をし、祈りをし、二人の上に手を置いて送り出す。

(3) 使徒たちの祈る姿

(a) 使徒たちの基本的務め(六・四)
初代教会にコミュニティー間の問題が生じた際、使徒たち以外に「御霊と知恵に満ちた、評判の良い人たち七人」を立てたが、それは使徒たちが「祈りと、みことばの奉仕に専念」する(hēmeis de tę̄ proseuchę̄ kai tę̄ diakoniā tou logou proskarterēsomen)ためであった。ここでも「専念する」と訳されることばは proskartereō で「いつも〜する」を意味し、教会の祈る姿の一般的記述（一・一四、二・二四）に類似する。このように使徒の働き六章四節においては、使徒たちの通常の、基本的務めの一つが祈ることであったことが示される。

(b) ペテロの祈る姿

(i) ペテロの通常の祈り（三・一、一〇・九、一一・五）

ペテロがヨハネとともに午後三時の祈りの時間に宮に上ったこと（三・一）、またある時は昼の十二時ごろに祈るために屋上に上ったこと（一〇・九、一一・五）が記される。これらは、ペテロがいつも祈っていたことを示しているが、特に使徒の働き一〇章九節の場合は、ペテロが祈っていた時に幻を見、つまりは神からの啓示を受け（ここで ekstasis が用いられるが、創世一五・一二〔七十人訳〕でも ekstasis が用いられ、その後アブラハムに神からの啓示が与えられる〔一三―一六節〕）、それが異邦人のところへ出向くということにつながることは重要だと思われる。

(ii) 死んだ者をよみがえらせる奇跡を行う際に（九・四〇）

使徒の働き九章三二―四三節は、ペテロがやがて異邦人のところへ行くという新しい局面に出会う前のペリコーペである。ここではペテロが二つの奇跡のわざ（病の癒やし、死んだ者のよみがえり）を行うが、それはペテロが異邦人のところへ出向く前に、使徒としての権威が与えられていることが使徒の働きの読者たちに理解されるためであったと思われる。その死んだ者タビタのよみがえりの奇跡を行う前に、ペテロは祈る。

(iii)　サマリアの人々に聖霊が降る際に（八・一五）

ピリポによる宣教によってはサマリアの人々に聖霊が降ることがなかったが、その後エルサレムから使徒ペテロとヨハネが遣わされる。二人が「聖霊を受けるように」と祈り、彼らの上に手を置くと、彼らは聖霊を受ける。

(c)　パウロの祈る姿

(i)　パウロ（サウロ）の回心に際して（九・一一、二二・一七）

使徒の働き九章一一節は、サウロがバプテスマを受ける前に祈っていたこと、また二二章一七節ではパウロが自身の回心を回顧しながら、バプテスマを受けた後、祈っていた際に、彼が異邦人宣教の使命を受けたことを語る。この時もペテロの場合（使徒一〇・九）と同じくekstasisが用いられ、神からの啓示が与えられる。

(ii) 長老たちを選ぶ際に(一四・二三)
パウロはバルナバとともに教会の長老たちを選んだ後、彼らの働きを前にして、断食して祈った後、彼らを主にゆだねる。
(iii) 迫害の際に(一六・二五)
パウロはシラスとともに牢に入れられるが、牢の中で祈りつつ、神を賛美する歌を歌う。
(iv) 信者との別れの際に(二〇・三六、二一・五)
パウロはエルサレムに行く前に、エペソの教会の長老たち(二〇・三六)と、ツロの弟子たち(二一・五)に、祈って別れを告げる。
(v) 病を癒やす奇跡を行う際に(二八・八)
ローマ行きの途中でマルタ島に打ち上げられるが、そこでパウロは島の長官プブリウスの病にかかった父親に手を置いて祈り、癒やしを行う。

以上、使徒の働きにおいても、いつも祈る教会と使徒たちの姿が浮かび上がってくる。教会は「いつも……祈っていた」(一・一四、二・四二)と一般的な形で描写され、使徒たちも彼らの基本的、そして重要な務めが「祈り」であると確認する（六・四）。そして教会は、具体的に、重要な局面において、つまりは「使徒補充」、「七人の働き人の任命」、「異邦人宣教への派遣の際」に、祈る。また教会の中心の働き人である使徒たちも、日々の祈りを欠かさない。回心、召命の際にも祈る。そして使徒としての実際の宣教（「しるしを行う」、「聖霊が与えられる」、「長老の選び」、「弟子たちとの別れ」）の中で祈る。そして、教会も使徒たちも、迫害の中で祈る。使徒の働きにはルカの福音書のような「祈りについての教え」はもはや登場しない。ただそこに見られるのは、いつも祈っている教会と使徒たちの姿であった。

3　ルカ文書における「祈り」

ここでルカ文書全体における「祈り」のテーマについて筆者の考えるところを述べることとする。このテーマに関しての先行研究においてこれまで多数を占めてきたdidactic viewとsalvation-history viewの要素については、そのすべてを否定することはできないかもしれない。確かに、使徒の働きをも含めたルカによる二冊の書はその読者たちに対して「常に祈るべきこと」を教えているであろうし、イエス・キリストが地上の生涯の大切な局面で、また初代教会がその歩みの大切な局面で、祈りのうちに神のみこころを求めたわけで、その意味ではイエスと初代教会の宣教のわざが祈りのうちに神によって導かれたと言うことができる。
しかし、そもそも、上記の二つの説はともに一九六〇年代に提唱される（オットの著作は一九六五年、ハリスの著作は一九六六年）。二人に影響を与えたコンツェルマンの、編集批評学的立場に立つ『時の中心――ルカ神学の研究』（*The Theology of St. Luke*）のドイツ語版は一九五四年に、英語版は一九六〇年に出版される。他の共観福音書と比べて、ルカの福音書における祈りのテキストに一見すると大きな編集の跡が見られるという観点から、資料批評学的・編集批評学的立場に立ちつつ、ルカの祈りの強調をルカの神学的強調と見るのだろう。けれどもその前提には、ルカの神学的創作といった考えも多分に含まれているのだろうと思われる。[*41]
しかし実際、このルカの独特さはどこから来るものなのだろうか。ルカの神学的「思想」から来るものなのか。そのような時、改めてルカの第一巻である福音書、そして第二巻である使徒の働きの中の「祈り」に関するテキストを考察すると、そこにはずっと一貫して流れているポイントがある。それは、「イエスのいつも祈る姿」↓『いつでも祈るべき』というイエスの教え」↓「初代教会のいつも祈る姿」である。筆者はこの「いつも」に注目したいと思う。これはルカの神学的「思想」から出たというよりも、歴史的事実から出たものと言うことができるのではないか。ルカはそもそも、他の共観福音書記者とは違って、第二巻の使徒の働きの書を通してイエスの姿のみならず、教会の姿とその宣教の姿をも記そうと意図した。そうすると、初代教会は、そして使徒たちは、そこに「常に祈っている姿を持っていた」ということであろう。そこには祈りの共同体があった。この姿はどこから来るのか。それをたどると、それはイエス・キリスト自身の姿の中にあった。そして、その祈るキリストが、そばにいる弟子たちに「いつも祈るように」と教えておられた。つまり、ルカによる「祈り」のテーマは、彼がそもそも第二巻をも記そうとした、その意図に付随するものだったと思える。つまりは、彼にとってはこのテーマは実に自然なものであったと思われるのである。

イエスが常に祈っていたであろう姿は、マタイの福音書やマルコの福音書からもうかがい知ることができる。

マタイの福音書一四章二三節

群衆を解散させてから、イエスは祈るために一人で山に登られた。夕方になっても一人でそこにおられた。

マルコの福音書一章三五節

さて、イエスは朝早く、まだ暗いうちに起きて寂しいところに出かけて行き、そこで祈っておられた。

マルコの福音書六章四六節

そして彼らに別れを告げると、祈るために山に向かわれた。

マタイ・マルコ両共観福音書においてもイエスは「寂しいところ」、「山」で祈るが、ルカのみがイエスの祈る姿を記している「十二弟子を選ぶ」場面（マルコ三・一三）、そしてもちろん「イエスの変貌」の場面（マタイ一七・一、マルコ九・二）は、いずれも「山」での出来事であった。そのような場所はイエスの祈る場所だったのであり、本来持っていたイエスの祈る姿をルカは詳細に記述したということではなかったのか。本稿の「序」の注2で挙げた「祈り」に関連する語彙群をも検討対象に含めていくならば、「祈り」のテーマにおける共通性はすべての共観福音書においてもっと縮まってくることなのかもしれない。いずれにしても、ルカによる「祈り」についての詳細な記述は、彼の第二巻を記そうとした意図と密接に結びついていたと思われる。

V　ルカの福音書一八章一―八節

さて、ルカ文書における「祈り」のテーマに、「イエスのいつも祈る姿」→「『いつでも祈るべき』というイエスの教え」→「初代教会のいつも祈る姿」としての「いつも」という一貫性を見る時、我々はそのことの自身への適用として、すぐにこれを「我々の祈りの実行の問題」としてとらえてしまう傾向があるかもしれない。しかしそのようなとき、ルカの福音書における独特の「祈りについてのイエスの教え」に留意する必要があるように思われる。それがルカの福音書一八章一―八節の、やもめのたとえ話である。なぜなら、その話の最後は「信仰」で終わるからである。

ルカの福音書一八章

1 いつでも祈るべきで、失望してはいけないことを教えるために、イエスは弟子たちにたとえを話された。

8 あなたがたに言いますが、神は彼らのため、速やかにさばきを行ってくださいます。だが、人の子が来るとき、はたして地上に信仰が見られるでしょうか。

このたとえ話に対するマーシャルの次の説明は妥当であると思われる。このたとえの目的は、弟子たちが再臨の時まで希望を捨てずに祈るようにと励ますため（一八・八）である。一七章二二―三七節から、再臨までの間の時が前提とされているのは明白である。やもめは弱いながらも、その粘り強さゆえに最終的に彼女の目的を遂げる。そうであるならば、神はその選びの民のために何もしないでおられるだろうか。神は速やかにさばきを行ってくださる。しかし決定的な問題は、選びの民が今この時から人の子の来臨の時まで、続けて信仰を持ち続けているのかどうかということである。すなわちそれは、祈り深くあるのかどうかということである。[*42] 最後に、このたとえ話が我々に提示しているであろう「祈り」と「信仰」というテーマを考えて本稿を閉じたいと思う。

まずこのたとえ話で注目させられるのは、ルカの福音書一一章八節における友の「しつこさ」との類似ではないかと思われる。以下のように、内容と同時にその構文も類似する。

ルカの福音書一一章八節

ei kai ou **dōsei** autǭ anastas
dia to einai philon autou,
dia ge tēn anaideian autou egertheis
dōsei autǭ hosōn chrę̄zei.

直訳

この人は、起きて何かをあげることはしないでしょう。
友だちだからというだけでは。
しかし、友だちのしつこさのゆえなら起き上がり、
必要なものを何でもあげるでしょう。

ルカの福音書一八章四―五節

ei kai ton theon ou **phoboumai**
oude anthrōpon **entrepomai,**
dia ge to parechein moi kopon tēn
chēran tautēn
ekdikēsō autēn,
hina mē eis telos erchomenē hypōpiazē
me.

直訳

私は神をも恐れず、
人を人とも思わないが、
このやもめは、うるさくて仕方がないから、
彼女のために裁判をしてやることにしよう。
そうでないと、ひっきりなしにやって来て、私は疲れ果ててしまう。

両テキストに見られる ei kai ＋直接法の動詞の構文は "although" や "even if" で始まる譲歩を表す句（concessive clause）で、文の主要部分とは逆のことを指示する。[*43] そして両テキストとも、文の主要部分のポイントが dia ge 以下によって言い表される。この場合の ge は前の語を強め、制限し、"at least" といった意味（"at least because of"）を持つ。[*44] つまり、次のような理解となる。

ルカの福音書一一章八節

この人は、友だちだからということでは、起きて何かをあげることはしないけれども、少なくとも「友だちのしつこさのゆえに」、彼は起き上がり、必要とするものをあげるであろう。

ルカの福音書一八章四—五節

私は神をも恐れず、人を人とも思わないけれども、少なくとも「このやもめが私を悩まし続けるゆえに」、私は彼女に裁判をしてあげよう。彼女が続けてやって来て、最後には彼女が私を疲れさせることがないように。

ルカの福音書一一章八節の場合の「友だちのしつこさ」とは「断られても何度も頼み続ける」というよりは、むしろ隣人とその家族を真夜中に起こすという、その「大胆さ」、「厚かましさ」といったニュアンスがあった。[*45] しかしルカの福音書一八章四—五節の「裁判官に対するやもめの悩ませ方」というものは、「断られても何度も頼み続ける」という「繰り返し」ということではないかと考えられる。けれども、いずれにしても両者のたとえ話には共通点があり、それらを総合すると「大胆に、厚かましく、そしてあきらめずに祈れ」ということになる。

ルカの福音書一八章のたとえ話を、ルカの福音書一一章のたとえ話の分析の仕方に沿って説明すると、[*46] 以下のような理解となる。

ルカの福音書一一章五―一三節

五―八節　「神が祈りに答える準備があること」についてのたとえ話
九―一〇節　「神が祈りに答えることの確かさ」についての宣言
一一―一三節　「神が祈りに答える準備があること」についての最終的議論
　――人間の父親がその子の求めに応じるよりもなおさらに――

ルカの福音書一八章一―八節

一―五節　「神が祈りに答える準備があること」についてのたとえ話
六―七節　「神が祈りに答える準備があること」についての最終的議論
　――不正な裁判官がやもめの求めに応じるよりもなおさらに――
八節前半　「神が祈りに答えることの確かさ」についての宣言
八節後半　しかし、決定的な問題
　――人の子の来臨の時に信仰が見られるのか――

そうすると、ルカの福音書一八章のたとえ話の中に見えてくるのは、やはりルカの福音書一一章のたとえ話の表には出てこなかった「信仰」の問題である。やもめのたとえ話では、これまでのルカの福音書でそうであったように神に祈るべきことが語られるが、しかし決定的な問題は再臨の時まで、そして再臨の時に、はたして「信仰」が見られるだろうかという問題であった。しかしこの場合の「信仰」とは、マーシャルが言うように、やはり「祈り深くある」ということであろう。

しかしこの点についてD・F・ウェルズ（D. F. Wells）が述べていることに注目して、本稿を閉じたい。以下がウェルズの語る要旨である。[*47] このたとえ話においてイエスが描くのは、「神」と「不正な裁判官」の間ではなく、「やもめ」と「請願をする者」の間の並行関係である。そしてこの並行関係には、以下のように二つの側面がある。

(1) クリスチャンが悪で満ちたこの世に甘んじることを拒むべきであるように、このやもめは自分の今置かれている不公平な状況を決して受け入れなかった。

(2) クリスチャンもそうすべきであるように、このやもめは失望にもかかわらず自分の実情を訴え続けた。

第一の側面は「祈りの性質」と関わっており、第二の側面は「祈りの実行」と関わっている。特に請願的な祈りを考えるとき、我々は第二の「祈りの実行」の要素ばかり考える。なぜ私の祈りは長続きしないのか。それは、自分の意志が弱いからだ。喜んで祈ろうとしないからだ。祈り方の問題だ。しかし問題は、私たちの「祈りの性質」に対する誤解にあり、そのことがはっきりするまで私たちの「祈りの実行」において決してやものような忍耐強さを持つことができない。では、「請願の祈りの性質とは何なのか？」ウェルズは言う。

「請願の祈りの性質とは、本質的に戦いである。悪で満ちた世に対する戦いである。祈りとは、正常ではないことがあたかも正常であるかのごとくあまねく広がっていることを受け入れるということに対する絶対的、また絶え間ない拒絶である。祈りとは、その否定的な側面においては、本来神によって確立された基準から逸脱したところのあらゆる方策、あらゆる計画、あらゆる解釈・考えに対する拒絶である。そのように、祈りとは、祈り自体、善と悪の間のすき間を決して埋めることのできない表現であり、悪は善の変化したものではなく、全く逆のものであるという宣言なのである。[*48]」

ウェルズのことばによると、「祈る」ということは、神と神の世界において食い違いがあると宣言することだと言える。イエスの語ったたとえ話の中では、そのような姿、つまり信仰を見せたのが、自分の今置かれている不公平な状況を決して受け入れなかった、あのやもめであった。再度ウェルズが言うことだが、そのような時に「眠るということ」もしくは「失望してしまうということ」は、あたかも神と神の世界において食い違いがないかのごとくに行動するということなのだろう。[*49] このようにして、「祈る」ということと「信仰」が深く関わっていることを覚えたいと思う。

VI 結

他の共観福音書と比べての、ルカの福音書における「祈り」のテキストの違いから、これまでルカによる祈りの強調はルカの神学的強調としてとらえられてきた。祈りの強調が執筆の際にルカの意図したものの中に含まれるとき、それをルカの神学的特徴と言えなくもない。しかし筆者にとっては、むしろこのテーマの強調は、ルカが他の共観福音書記者たちと違って第二巻をも著そうとした、そのユニークさ、その意図に付随するものだったと思える。ルカ文書全体の「祈り」に関するテキストには一貫して流れているものがあり、それが「イエスのいつも祈る姿」→「『いつでも祈るべき』というイエスの教え」→「初代教会のいつも祈る姿」である。これはルカの神学的「思想」からというよりも、歴史的事実から出たものなのではないかと思えるのである。

この「いつも」に注目するとき、ルカ独特の祈りについてのイエスの教えが印象的となる。ルカの福音書一八章におけるやもめのたとえ話は、「だが、人の子が来るとき、はたして地上に信仰が見られるでしょうか」で終わる。この信仰は祈りの性質と深く関わる。「祈りとは何か」ということがわからなければ、我々は「いつも」祈ることはできない。

本稿を準備しながら、筆者にとってもこのテーマは人事ではなかった。特に今、牧師としても、仕える教会としても、大きな危機を迎えている。特に新しい会堂を造ることに付随する危機であるが、ありとあらゆる種類の試みが次から次へと押し寄せてくる。あの友の厚かましいほどの祈り、あのやもめの訴えることを決してやめない祈り。それは人事ではなかった。考えてみると、筆者も、筆者の仕える教会も、実に祈らされてきたことに気づく。もともと少なかった人数の祈禱会であるが、今は倍以上の人たちが教会にやって来て一生懸命に祈る。それは毎週の主日礼拝の牧会祈禱にも表れる。「そうです、主よ」と心の中で言いながら、この祈りに関わる発表の準備をさせていただいた。

それにしても、ルカが描くイエス・キリストは、「いつも」祈る。大切なことの決断を前に。忙しく、人々がひっきりなしにやって来る時には退いて。自身の生涯にとって転機となるような重要な局面の時に。そして最大の危機を迎えた時に。しかしそれら一切の「時」において、キリストの姿は変わらない。特別なことをするのでもない。ただ、「いつも」のように、「いつも」の場所で祈るのである。改めて考えると、自身の生涯の重要な時々に、人のためには「不思議としるし」を行われたキリストが、自身のためには「神の子」としての力を用いるのではなく、祈る。これは我々にとっての励ましとなる。この祈りの連続性が、ルカの第二巻である使徒の働きにおける教会、使徒たちの姿に受け継がれていく。けれども、この連続性は現代の我々も受け継ぐべきものであり、また受け継ぐことができるものであるということを教えられるのである。

注

1 本稿における聖書の日本語訳は、特筆しない限りにおいては『聖書 新改訳２０１７』版による。

2 たとえば、agalliaō（喜ぶ、神をたたえる）、aineō（賛美する）、aiteō（求める、願う、要求する）/aitēma（要求、願い事）、doxazō（賛美する、神をあがめる）、ērōtaō（願う、尋ねる）、eperōtaō（質問する、求める、尋ねる）、eucharisteō（感謝〔の祈りを〕ささげる）、euchē（請願、祈り）/euchomai（願う、祈る）、eulogeō（祝福する、ほめたたえる）、gonypeteō（ひざまずく）、krouō（たたく［to knock］）、proskyneō（礼拝する、拝む、ひれ伏す）などである。Cf. H. Schönweiss, "Prayer, Ask, Kneel, Beg, Worship, Knock," in *NIDNTT*, 2:855; P. T. O'Brien, "Prayer in Luke-Acts," *TynB* 24 (1973):111; A. A.

Trites, “The Prayer Motif in Luke-Acts,” in *Perspectives on Luke-Acts*, ed. by C. H. Talbert (Edinburgh: T. & T. Clark, 1978), 169.

3 Schönweiss (“Prayer,” 2:855) は、“in the NT the most comprehensive term for ‘to pray’ is *proseuchomai*” と述べる。

4 Ibid., 861.

5 パウロ書簡では、エペソ六・一八、ピリピ四・六、Ⅰテモテ二・一、五・五において、proseuchē と deēsis が並列して用いられ（たとえば、「あらゆる祈りと願い〔proseuchēs kai deēseōs〕によって、どんなときにも御霊によって祈りなさい」〔エペソ六・一八〕）、ローマ一・一〇では proseuchē と deomai が並列して用いられる（「祈るとき〔tōn proseuchōn〕にはいつも、神のみこころによって、今度こそついに道が開かれ、何とかしてあなたがたのところに行けるようにと願って〔deomenos〕います」）。

6 マタイ二回、マルコ二回、ルカ三回、使徒九回、ローマ三回、エペソ二回、ピリピ一回、コロサイ二回、Ⅰテサロニケ二回、Ⅰテモテ二回、ピレモン二回、ヤコブ一回、Ⅰペテロ二回、黙示録三回。

7 マタイ一五回、マルコ一〇回、ルカ一九回、使徒一六回、ローマ一回、エペソ一回、ピリピ一回、コロサイ三回、Ⅰテサロニケ二回、Ⅱテサロニケ二回、Ⅰテモテ一回、ヘブル一回、ヤコブ四回、ユダ一回。

8 ルカ三回、ローマ一回、Ⅱコリント二回、エペソ一回、ピリピ三回、Ⅰテモテ二回、Ⅱ

テモテ一回、ヘブル一回、ヤコブ一回、Iペテロ一回。

9 マタイ一回、ルカ八回、使徒七回、ローマ一回、IIコリント三回、ガラテヤ一回、Iテサロニケ一回。

10 ただし、B. Metzger（*A Textual Commentary on the Greek New Testament*, Second Edition［Stuttgart: Deutsche Bibelgesellschaft, 1994. Reprint, 2000］, 151）は、これらの節を括弧に入れながらも、本来のテキストにはなかった（A判定）と理解する。

11 Cf. K. S. Han, "Theology of Prayer in the Gospel of Luke," *JETS* 43.4（2000）, 684.

12 Cf. O'Brien, "Prayer in Luke-Acts," 114; Han, "Theology of Prayer," 680. 筆者は、この現在形を「歴史的現在形（Historical［Dramatic］Present）」（過去に起こった出来事を現在に起こったかのように描く）と理解する。

13 三浦譲「新約聖書各巻解説」『聖書神学事典』（いのちのことば社、二〇一〇年）、八九一九一頁。

14 R. C. H. Lenski, *The Interpretation of St. Luke's Gospel*（Minneapolis: Augsburg Publishing House, 1961）, 510.

15 I. H. Marshall, *A Commentary on Luke*, NIGTC（Exeter: Paternoster Press/Grand Rapids: Eerdmans, 1978. Reprint, 1989）, 366. Cf. J. B. Green, *The Gospel of Luke*, NICNT（Grand Rapids: Eerdmans, 1997）, 368-369. O'Brien（"Prayer," 115）も、次のように言う。"... the petition of Jesus had been effective since the Father has revealed to Peter the

secret of His Messianic person and dignity."

16 Cf. O'Brien, "Prayer," 115; Han, "Theology of Prayer," 683.

17 O'Brien, "Prayer," 116; M. M. B. Turner, "Prayer in the Gospels and Acts," in *TEACH US TO PRAY: Prayer in the Bible and the World*, ed. D. A. Carson (Exeter: Paternoster Press and Baker Book House, 1984), 58.

18 Green (*The Gospel of Luke*, 440) は、"ὅταν"＋present subjunctive usually denotes an iterative action (MHT 3:122)—in this case, "whenever [you pray]" と言う。また Marshall (*A Commentary on Luke*, 456) も、"Easton, 175, presses *ὅταν* to mean 'whenever', i.e. 'on all occasions of prayer'" と言う。Cf. D. L. Bock, *Luke*, 2 vols., BECNT (Grand Rapids: Baker Books, 1994 and 1996. Reprint, 1999 and 1998), 1050.

19 Trites, "The Prayer Motif," 172-173.

20 Cf. ibid., 173-175. 本稿、注2参照。

21 本稿、Ⅱ、2、(2)、(e) 参照。

22 J. N. Geldenhuys and F. F. Bruce ("Lord's Prayer" in *New Bible Dictionary*, Third Edition [Leicester/Downers Grove: InterVarsityPress, 2000], 696) は、マタイ版「主の祈り」では「悪からお救いください」が付随することによって、その前の祈り、「私たちの負い目をお赦しください」と祈る者が「再び罪を犯すことがないように」と、前の祈りに続く意味になるといった説明をする。

23 本稿、Ⅱ、2、(1)、(b) 参照。

24 Cf. Turner, "Prayer," 66.

25 本稿、Ⅰ、注2参照。

26 Bock, *Luke*, 1059. BDAG (63) は、anaideia を "lack of sensitivity to what is proper, carelessness about the good opinion of others, *shamelessness, impertinence, impudence, ignoring of convention*" と説明する。

27 Cf. Trites, "The Prayer Motif," 176.

28 W. Ott, *Gebet und Heil: Die Bedeutung der Gebetsparänese in der lukanischen Theologie* (München: Kösel, 1965); O. G. Harris, *Prayer in Luke-Acts: A Study in the Theology of Luke* (Ph. D. Dissertation; Vanderbilt University, 1966); C. Fuhrmann, *A Redactional Study of Prayer in the Gospel of Luke* (Ph. D. Dissertation; Southern Baptist Theological Seminary, 1981); S. F. Plymale, *The Prayer Texts of Luke-Acts* (American University Studies 7; Theology and Religion 118; New York: Lang, 1991); D. Crump, *Jesus the Intercessor: Prayer and Christology in Luke-Acts*, WUNT 2:49 (Tübingen: J. C. B. Mohr, 1992).

29 たとえば、O'Brien, "Prayer in Luke-Acts," 111–127; S. S. Smalley, "Spirit, Kingdom and Prayer in Luke-Acts," *NovT* 15.1 (1973):59–71; Trites, "The Prayer Motif," 168–186; Turner, "Prayer in the Gospels and Acts," 58–83; Han, "Theology of Prayer," 675–

693.

30　加山久夫著『ルカの神学と表現』（聖書の研究シリーズ47、教文館、一九九七年）、一六九―一八一頁、J・B・グリーン『ルカ福音書の神学』（叢書 新約聖書神学2、新教出版社、二〇一二年）、六七―七〇、一二九―一三二頁。

31　レオン・モリス『ルカの福音書』（ティンデル聖書注解、いのちのことば社、二〇一四年）、五八―五九頁、A. Plummer, *St. Luke*, ICC (Edinburgh: T. & T. Clark, 1922), xiv–xivi. ほかに筆者がその序論において「祈り」のテーマが取り上げられているかどうかをチェックした注解書は次のものである。D. L. Bock, *Luke*, 2 vols., BECNT; C. A. Evans, *Luke*, NIBC (Peabody: Hendrickson, 1990. Reprint, 1998); J. B. Green, *The Gospel of Luke*, NICNT; L. T. Johnson, *The Gospel of Luke*, Sacra Pagina, vol. 3 (Collegeville: Liturgical Press, 1991); I. H. Marshall, *A Commentary on Luke*, NIGTC; D. L. Tiede, *Luke*, ACNT (Minneapolis: Augsburg, 1988).

32　Han, "Theology of Prayer," 677–678; Trites, "The Prayer Motif," 168–169.

33　Cf. H. Conzelmann, *The Theology of St. Luke* (Philadelphia: Fortress, 1981). 邦訳は、田川建三氏訳、H・コンツェルマン『時の中心――ルカ神学の研究』（現代神学叢書28、新教出版社、二〇〇四年）。

34　Han, "Theology of Prayer," 676–677; Trites, "The Prayer Motif," 168–169.

35　O'Brien, Trites, Fuhrmann　は Ott に傾き、Smalley, H. Conn ("Luke's Theology of

Prayer," CT 17 [1972]), Plymale (*The Prayer Texts of Luke-Acts*) は Harris に傾く。
36 Han, "Theology of Prayer," 678–679; Turner, "Prayer in the Gospels and Acts," 75.
37 Han, "Theology of Prayer," 678–679.
38 Ibid., 679.
39 Ibid., 691–693.
40 この点に関して、同僚の横山昌英氏のご指摘に感謝する。
41 Conzelmann に対する批判に対しては、たとえば I. H. Marshall, *Luke: Historian & Theologian* (Downers Grove: InterVarsity Press, 1988) を参照のこと。初版本は一九七〇年に出版されている。
42 Marshall, *A Commentary on Luke*, 669–670.
43 BDAG, 278; D. B. Wallace, *Greek Grammar Beyond the Basics* (Grand Rapids: Zondervan, 1996), 663.
44 BDAG, 190.
45 本稿、Ⅱ、3、(1) 参照。
46 本稿、Ⅱ、3、(1) 参照。
47 D. F. Wells, "Prayer: Rebelling Against the Status Quo," in *Perspectives on the World Christian Movement, A Reader*, ed. by R. D. Winter and S. C. Hawthorne (Pasadena: William Carey Library, 1981), 124–125. もともとは一九七九年に *Christianity Today* に掲

載されたものである。

48　Ibid., 124.

49　Ibid., 125.

主の祈り

内田和彦

マルティン・ルターは「主の祈りは、世界最大の殉教者の一人である。なぜなら、それはあまりにもしばしば、あまりにも無分別に用いられているからである」と語ったと言われる。これを「殉教」から救い出すことは容易でないが、聖書・新改訳２０１７（以下《２０１７》）において、聖書・新改訳第三版（以下《第三版》）の訳文に加えられた修正の意味を考察することを中心に、この祈りの意味するところを改めて考えてみたい。

１　導入のことば（九節a）

Οὕτως οὖν προσεύχεσθε ὑμεῖς·（フートース・ウーン・プロセウケステ・ヒュメイス）

《第三版》「だから、こう祈りなさい。」

《２０１７》「ですから、あなたがたはこう祈りなさい。」

「ですから（οὖν〔ウーン〕）」という接続詞で始まるゆえ、これまで述べてきたことをふまえて、主が祈りを教えておられることは明らかである。また、文末に代名詞 ὑμεῖς（ヒュメイス）があることで、先行する文脈との対比を明示している。それゆえ、《2017》では「あなたがたは」が加えられた。では、だれと対比しての「あなたがたは」か。五—八節で語られていた「偽善者たち」と「異邦人」である。人を意識し、これ見よがしに自分の敬虔さを示そうとする「偽善者たち」と違い、あなたがたは「天の父」を意識せよ。神が「あなたがたに必要なものを知っておられ」ないかのように、いたずらに「ことば数」を多くする「異邦人」と違い、「あなたがたが求める前から、あなたがたに必要なものを知っておられる」天の父を意識せよと、イエスは諭してこられた。そのつながりで、「ですから、あなたがたはこう祈りなさい」と命じられるのである。

2　祈りの呼びかけ（九節b）

Πάτερ ἡμῶν ὁ ἐν τοῖς οὐρανοῖς·（パテル・ヘーモーン・ホ・エン・トイス・ウーラノイス）

《2017》「天にいます私たちの父よ」

〈変更なし〉

（1）「私たちの父よ」Πάτερ ἡμῶν（パテル・ヘーモーン）

「天にいます私たちの父よ」という呼びかけで、主の祈りは始まる。原文で最初に来ることばは「父よ」。旧約聖書でも、神を「わが父」と呼ぶ例はある（詩篇八九・二六）。しかし、神はイスラエル民族の「父」、イスラエルは「子」であるというとらえ方が基本であった（出エジプト四・二二、申命三二・六、イザヤ六三・一六）。後のユダヤ教に見られる「天にいます私たちの父」という呼びかけも、個人というより共同体の祈りの文脈で理解すべきである。それでは、主の祈りは教会の公の礼拝においてのみ祈るべき祈りなのかといえば、そうではない。五節と七節で、一人称複数で「（あなたがたが）祈るとき」と言われているのと同時に、六節では「あなたが祈るときは」とある。主の祈りは基本的に共同体の祈りであるが、個人の祈りのモデルとして祈ることも排除していない。

　イエスは神を個人的に「父」と呼び、祈った。そのことばは、アラム語の「アバ」（マルコ一四・三六）である。これは乳離れした幼児が最初に覚えることばの一つだと言われている。そのような平易なことばで、日常のことばで、聖なる絶対的な神に呼びかけるのである。しかもイエスは、弟子たちにも「父よ」と祈るよう勧める。そのように祈ることができるようにと、神は御霊を与えておられると、パウロは書いている。聖霊は「子とする御霊」（πνεῦμα υἱοθεσίας〔プネウマ・ヒュイオテシアス〕）であり、「御子の御霊」（τὸ πνεῦμα τοῦ υἱοῦ αὐτοῦ〔ト・プネウマ・トゥー・ヒュイオウー・アウトゥー〕）であるから（ローマ八・一

五、ガラテヤ四・六)、私たちもまた、子が父を呼ぶように、万物の創造者である方を「父よ」と呼ぶことができる。何と素晴らしい特権であろうか。

　しかしまた、その一方で、イエスが神を「わたしの父」と呼び(マタイ二〇・二三、二六・二九、ルカ二二・二九、ヨハネ二・一六、五・一七、六・三二、四〇、八・一九、五四、一〇・二九、一四・二、七、二一、二三、一五・一、八、二三、二四、二〇・一七)、弟子たちに対する教えの中で「あなたがたの父」と語りながら(マタイ五・一六、四五、六・一、八、一五、七・一一、一〇・二〇、二九、一八・一四、二三・九、マルコ一一・二五、ルカ一二・三〇、三二、ヨハネ二〇・一七)、「わたしたちの父」とは決して語らなかったという事実も忘れてはならない。主の祈りの冒頭に「私たちの父よ」とあるが、これは弟子たちがそう祈るように教えられたものであって、厳密に言えば、その「私たち」の中にイエス自身は含まれない。それゆえ、新改訳は(これまでの版も《2017》も)漢字で表記している。

　祈りの対象である御父は、確かに「私たちの父」である。主の祈りで繰り返される代名詞は「私たち」である。「私たちの日ごとの糧を」「私たちの負い目をお赦しください。私たちも、私たちに負い目のある人たちを赦します」「私たちを試みにあわせないで」とあり、後半の祈りは、いつも一人称複数である。私たちは密室でそれぞれ神の前に立つ。しかし、まさに一人で神に祈るとき、私たちは一人でないことに気がつく。自分は孤独ではなく、神の家族の一員であることを知らされる。「私たちの父よ」と祈るとき、自分さえよければというひとりよがり、自分だけが正しいという独善が排除される。神は「私」だけの父ではない。「私たちの父」である。同じ方を「父」と呼ぶ者たちがいることに気づく。天の父に真に心を開くなら、共に祈る兄弟姉妹たちにも心を開くこととなる。私たちは、単に「私の父」に祈っているのか。それとも「私の父」への祈りは、「私たちの父」への祈りに発展しているだろうか。

(2)　「天にいます」ὁ ἐν τοῖς οὐρανοῖς（ホ・エン・トイス・ウーラノイス）

さらに留意すべきことは、「私たちの父よ」に、「天にいます」が続くことである。神は確かに慈愛に満ちた方、私たちに良いものを与えて惜しまない方、私たちの罪を赦し受け入れてくださる方、「父」と呼ぶことができる方である。自分の父のところに来たという安心感と喜びをもって祈ることができる。しかし、それだけではない。神は「私たちの父」であるとともに、「天にいます父」である。

私たちの肉の父は頼りないかもしれない。尊敬できないかもしれない。無力な父。いい加減な父。子どもを無視する父。気紛れな父。機嫌を損ねると怒鳴りちらす父。虐待する父さえいる。私たちの父は問題だらけかもしれない。しかし、そのようなイメージで、神に対して間違ったイメージを抱いてはならない。

神は「天にいます父」である。広大無辺の宇宙を創造した知恵と力の持ち主である。細胞の一つ一つにこまやかな手を加えた方。遺伝子に設計図を書き込んだ方。永遠から永遠まで存在し、いのち溢れる方。鳥にさえずりを与えた方。どんな造花、造形も及ばない美を創造された方。最高の英知をもってしても測り知れない絶対者である。だから、親しく「父」と呼ぶことができても、決して忘れてはならない。神は聖なるお方であり、「侮られるような方」ではないことを（ガラテヤ六・七）。自分に都合の良いように「利用」できる方ではないことを。神は私たちの日々の生活に関わってくださるが、私たちはこの方を、自分をトラブルから守り、雑用一切を引き受けてくれる「便利屋」のように考えてはならない。

私たちは「天にいます」と祈りながら、祈りが聞かれることを初めから期待していない、信頼していない、ということはないか。それもまた、神を神としない態度である。私たちの父は「天にいます父」。私たちの思いを超えた計画を持ち、完全な愛と義をもって私たちを導くことのできる方である。私たちの祈りに本当の意味で答えることのできる方である。私たちは祈りの内容に入る前に、どのようなお方に祈るのか、思いを巡らさなければならない。

3　第一の祈り（九節c）

ἁγιασθήτω τὸ ὄνομά σου·（ハギアステートー・ト・オノマ・スー）

《第三版》「御名が崇められますように。」

《2017》「御名が聖なるものとされますように。」

(1)　「御名」τὸ ὄνομά σου（ト・オノマ・スー）

「御名」は直訳すると「あなたの名」である。続く「御国」は「あなたの国」、「みこころ」は「あなたのこころ」で、いずれも「あなたの」という人称代名詞がついている。しかし、伝統的に、ずっと「御名／み名／お名前」「御国／み国／お国」そして「みこころ／御心／み心／御意／お心／御旨／み旨」であった（文語訳、口語訳、新共同訳、永井訳、塚本訳、バルバロ訳、フランシスコ会訳）。例外的に、前田訳、岩波訳だけが「あなたのみ名／名」「あなたのみ国／王国」「あなたのみ心／意志（おもい）」となっている。「あなたの」という語が欠け、かしこまった「御名／御国／みこころ」という言い方をすれば、いくらか距離感を覚えつつの祈りとなるのではないか。伝統的な訳で祈るにしても、天の父を親しく「あなた」と繰り返しお呼びしていることを忘れてはならない。

「御名」と訳すにしても「あなたの名」と訳すにしても、それが神ご自身を指していることは言うまでもない。御名を知る者は、神を知る者であり、御名をけがす者は神をけがす者である。それだからこそ、十戒で「あなたの神、主の名をみだりに口にしてはならない」と命じられたのである（出エジプト二〇・七）。この戒めに従い、ユダヤ人は神を表すヘブル語の「聖なる四文字」を口にすることを恐れ、「主／主人」一般を意味する「アドーナイ」や「御名」を意味する「ハ・シェム」で、読み替えた。それゆえ、「御名」はまさに神ご自身であり、神の名を直接唱えることを恐れるゆえの呼び名である。ギリシア語でわずか三語の τὸ ὄνομά σου（ト・オノマ・スー）であるが、親しみだけでなく恐れを覚えつつ、恐れだけでもなく親しみを覚えつつ、祈りに向かうのである。

(2)　「聖なるものとされますように」ἁγιασθήτω（ハギアステートー）

動詞ハギアゾーは新約聖書で二十八回使われているが、《第三版》でも「聖なるものとする」「聖める」「聖いものにする」「聖め別つ」など、大半は「聖」という文字を含む訳があてられていた。「あがめる」という訳は、この箇所とルカの並行箇所、ペテロの手紙第一の三章一五節のみであった。

動詞ハギアゾー（ἁγιάζω）の命令法受動態であるこの語は、伝統的に、英訳では Hallowed be (thy/your name)（KJV、ESV、NIV、NAB等）、邦訳では、特に公用聖書において「(御名が) あがめられますように」と訳されてきた (文語訳、口語訳、新共同訳、いずれも「あがめる/崇める」という動詞である)。英語の hallow は「聖なるものとする/神聖なものとして敬う」という意味で、「聖」という概念が基本にあるが (*Oxford Thesaurus of English*, *New Oxford American Dictionary*)、日本語の「崇める」は、「尊いものとして扱う、寵愛する」(『広辞苑』第三版)、「この上ないものとして扱う、尊敬する、敬う」(『大辞林』第二版) といった意味で、「聖なる方、聖なるもの」という認識は希薄である。それゆえ、「あがめる」という訳語では、ハギアゾーの本来の意味、他のものと峻別して聖なるものとする、という意味が表せない。

　エゼキエル書三六章二三節で、主なる神はこう語っておられる。「わたしは、あなたがたが国々の間で汚したわたしの大いなる名が、聖であることを示す (קִדַּשְׁתִּי 〔キダシュティ〕)。あなたがたが彼らのただ中で汚した名である。わたしが彼らの目の前に、わたしがあなたがたのうちで聖であることを示すとき、国々は、わたしが主であることを知る――神である主のことば――。」この箇所の七十人訳では、神ご自身が御名をハギアゾーする (未来形の ἁγιάσω 〔ハギアソー〕) と言われるのである。「名」という語は欠けるが、神がご自身の「聖であることを示す」といったことが、レビ記一〇章三節、民数記二〇章一三節、エゼキエル書二〇章四一節、二八章二二、二五節、三八章一六、二三節、三九章二七節でも言われている。それは、神の民が、神が聖であることを現すことをせず、むしろ御名を汚したからである（民数二〇・一二、二七・一四、エゼキエル三六・二三）。しかしまた、イザヤ書二九章二三節では、人も神の名を聖とすることになるとも言われている。「彼（イスラエル）が自分の子らを見て、自分たちの中にわたしの手のわざを見るとき、彼らはわたしの名を聖とし、ヤコブの聖なる者を聖として、イスラエルの神を恐れるからだ。」この箇所も、七十人訳でハギアゾーの未来形（ἁγιάσουσιν〔ハギアスーシン〕）が用いられている。

「聖なるものとする」は日本語としてこなれていない表現かもしれないし、まして受動態の命令形で表す祈願となると、日常のことばの感覚から離れてしまう。しかし、それだからこそ、神ご自身を神でないもの、神にふさわしくないものから区別して、他のいかなるものとも異なる聖なる方として認められるように、という祈りの訳として、ふさわしいのではないか。「聖なるものとされますように」と祈ることが、神の聖性、聖という概念の認識が薄れてきている今日、求められているのではないか。人間中心の神理解ではなく、あくまでも神を神として認め、従うことによって、神の栄光が現されることを求める祈りであることが、新しい訳によってより明らかになると思われる。

上述したように、公用聖書では「あがめられる」と訳されることが多かったが、個人訳では、「聖」という語を含んだ訳が採用されてきている。一九二八年発行の永井訳では「御名の聖められ給はんことを」、一九六一年に完成したバルバロ訳では「御名が聖とせられますように」、一九六二年の塚本訳では「お名前がきよまりますように」、一九八三年の前田訳では「み名が聖められますように」であった。最近では、岩波訳が「あなたの名が聖なるものとされますように」、フランシスコ会訳は「み名が聖とされますように」である。

ところで、命令法受動態の ἁγιασθήτω（ハギアステートー）「聖なるものとされますように」の行為の主体はだれなのだろうか。「神を行為者とする受動態（Divine passive）」と解し、エゼキエル書三六章二三節にあったように、神がご自身を聖なる方として啓示されるように、と理解するのか、あるいはイザヤ書二九章二三節にあったように、神の民が神を聖とすることができるように、と理解するのか。どちらか一方と採るべきではないだろう。神によって贖われた者たちは自らの生活において、神を神として認め、賛美し、証しする。しかしまた、そのこと自体、人間自身の力で実現できるものではない。ご自身の聖なることを神が、キリスト者の歩みの中で、歩みを用いて明らかにしてくださらなければ実現できない。そのような意味で、第一の祈りは、自らを神の御前に差し出しつつ、神ご自身による聖別（sanctification）を待ち望む祈りである。

4　第二の祈り（一〇節a）

ἐλθέτω ἡ βασιλεία σου·（エルテトー・ヘー・バシレイア・スー）
「御国が来ますように。」《2017》
〈変更なし〉

「御名が聖なるものとされますように」と祈りつつ、私たちは、神が神とされることには程遠い現実があることに気づく。美しくきらめく星空を見ても、精巧な人体の仕組みを解明しても、人は神の栄光をたたえることをせず、「神はいない」と言う。キリスト者も「神は愛である」と告白しながら、ではなぜ神の愛がすべての人をおおい、地上に平和が実現しないのかと、とまどう。いやむしろ、神の愛による支配を経験したはずの自らが、神と人を愛することができないことで打ちひしがれる。罪の力に負けて、惨めな姿をさらすことさえある。確かに罪があり、悪の力があり、暗闇の支配者サタンがいる。そこで、私たちは「御国が来ますように」と祈らなければならない。

天の御国、神の国＝神の支配は主イエスとともに到来した（ルカ一一・一〇、一七・二一）。悪霊たちが追い出され、多くの病人が癒やされた。心砕かれ主を受け入れた取税人や遊女たちは、自分の義を主張するパリサイ人たちよりも先に神の国に入れられた（マタイ八・一一、二一・三一）。しかし御国の完全な到来は、なお未来にある。キリストの栄光は隠されていたし、今も隠されている。神の支配の完成は未来にある（マタイ二五・三一―

三四）。キリストが再び来られる時、新しい天と地、いのちがあふれ、正義と愛に満ちた世界、罪のない世界が出現する。その時、病気と死、飢餓と抑圧、悲惨と腐敗が一掃されるのである（イザヤ六五・一七―二五、ローマ八・二一―二二、黙示録二一・一―五）。だから私たちは、希望をもって「御国が来ますように」と祈る。神による最終的な介入があるように、神の国が一日も早く完成するようにと、希望に満ちた未来を期待して祈る。「マラナ・タ＝主よ、来てください」と祈るのである（Ⅰコリント一六・二二）。そして、そこから第三の祈りが生まれてくる。

5　第三の祈り（一〇節b）

γενηθήτω τὸ θέλημά σου, ὡς ἐν οὐρανῷ καὶ ἐπὶ γῆς·
（ゲネーテートー・ト・テレーマ・スー、ホース・エン・ウーラノー・カイ・エピ・ゲース）
《第三版》「みこころが天で行われるように地でも行われますように。」
《２０１７》「みこころが天で行われるように、
地でも行われますように。」
〈違い＝読点と改行〉

未来における御国の完成を待ち望むだけでなく、今現在、この地において神のみこころが実現していくことも祈り求めるよう、イエスは勧めている。

私たち人間が生かされている世界、「地」は、神のみこころの実現として誕生したものである。けれども「神のかたち」に造られた人間は、与えられた自由意志を濫用し、神のみこころに逆らった。神に信頼して従うのではなく、自己中心に生きることを選んだ。その結果、人は霊的に死んだものとなり、地は罪によって損なわれた。しかし、そのように堕落した地を神は見捨てることをせず、救いの道を備え、みこころを啓示してくださった。

だから、私たちは祈る。「みこころが天で行われるように」、完全なかたちで、この地上においてもみこころが実現することを。その祈りは、神の民である私たち自身がみこころを知ることができるように、という祈りにつながる。同時に、教えられたみこころに対し従順であることができるようにという祈りにもなる。聖霊の導きを求める祈りとともに聖書を読み、見出した真理を実行できるようにという祈りも生れてくる。みこころがすぐに分からなくても、ゆだねつつ待つ忍耐を祈り求めることも必要となる。このような祈りを重ねていくことで、祈りそのものがみこころにかなったものと変えられていく。自分を正当化する道具に「みこころ」を持ち出すのではなく、喜んで神のみこころを行うことのできる者と変えていただきたい、という祈りとなる。

6　第四の祈り（一一節）

τὸν ἄρτον ἡμῶν τὸν ἐπιούσιον δὸς ἡμῖν σήμερον·

（トン・アルトン・ヘーモーン・トン・エピウーシオン・ドス・ヘーミーン・セーメロン）

《第三版》「私たちの日ごとの糧をきょうもお与えください。」

《2017》「私たちの日ごとの糧を、今日もお与えください。」

〈違い＝読点と漢字表記〉


主の祈りはここで、「あなたの〜」という祈りから、「私たちの〜」という祈りに変わる。神中心の祈りから、私たち自身の必要に関する祈りが始まる。

(1)　「糧」τὸν ἄρτον（トン・アルトン）

「宗教は心の問題だ」ということばを耳にすることがある。確かに心のあり様は大切である（マタイ五・八、一五・一八―一九）。しかし、それだから体の必要はどうでもよいということではない。ここでイエスは、私たちの体の必要のために祈れと教えておられる。「糧」と訳されている ἄρτον（アルトン）の直訳は「パン」で、「食物」一般を表す代喩となっている。「糧」は私たちの生存のための基本的な必要のことで、それを神の御前に持って来なさい、と言われている。C・S・ルイスの『悪魔の手紙』の中で、キリスト者になったばかりの青年を「担当」する小悪魔に、伯父の悪魔はこう助言する。「必ず（青年の）祈りが非常に『霊的』であるようにし、いつも母親の魂の状態を心配して、リューマチのことは一向に心配しないようにさせなさい。」

荒野で石をパンに変えるよう悪魔に誘惑された際、イエスはそれを拒み、「人はパンだけで生きるのではなく……」と答えられた（マタイ四・四）。それは神を抜きにしてパンさえあれば幸福になれるという幻想を否定したのであって、パンはなくてもよいとしたのではない。実際、主はパンの奇跡をもって人々の飢えを満たされた。疲れている弟子たちに休息を勧められた。様々な身体の病や障がいを癒やされた。そのようにして体の必要を満たされたのである。

(2)「日ごとの糧」

τὸν ἄρτον . . . τὸν ἐπιούσιον（トン・アルトン・ヘーモーン・トン・エピウーシオン）

「日ごとの」と訳されている ἐπιούσιος（エピウーシオス）という語は珍しいことばである。エピ（ἐπί）という場所を示す前置詞と、be 動詞の分詞から派生したと思われる形の合成である。稀なことばで、新約聖書ではここと並行箇所のルカの福音書一一章三節にしか出てこない。意味については、これまで様々な可能性が指摘されてきた。「現在ある」ということから、「日ごとのパン」と理解する解釈、あるいは「生存に必要なパン」という理解。出エジプト記一六章で、荒野にあるイスラエルの民が、朝ごとにマナを収穫したことが背景にあると考えて、「朝ごとのパン」と解すべきだという主張もある。「続いてある（くる）」ととれるところから、「明日の」の意味であるという見解。「聖餐式のパン」のことであるという主張。たとえば、ヒエロニムスは「ウーシア」＝物質を「エピ」＝超えると理解して、超自然的なパンを意味すると説明している。「未来にある」という意味にとって、終末における神の国の宴会のことを言おうとしているという見方。このように諸説があるが、パンに代表される物質的な必要が求める内容であるとすれば、「日ごとの」「必要な」といった訳が妥当であろう。

主イエスの時代の庶民は、今の日本に住む私たちと比べれば、はるかに貧しい生活をしていた。蓄えることなどできず、その日その日を生きていくのがやっとだった。その日の賃金で食べ物を買う人々にとって、「私たちの日ごとの糧を、今日もお与えください」という祈りは切実だった。今日でも世界中で実に多くの人々が、極貧の生活をしている。主が教えられた祈りは、そういう人々のためで、「豊かな」日本に生きる私たちはこの祈りを祈る必要がないのか。そうではない。物質的に恵まれた人であれば、なおのこと「我らの日用の糧を、きょうも与えたまえ」と祈らなければならない。そう祈ることにより、三度の食事が決して当たり前でないことを思い起こす。聖書の時代の日雇い労働者ばかりでなく、貧しい国の人々ばかりでなく、比較的恵まれた社会に生きる私たちも、神の御手から糧をいただいている事実を、この祈りとともに思い起こすのである。ロイドジョンズ（『山上の説教』）が述べているように、「少なくとも一日一回、いや多ければ多いほどよいが、私たちの時間、健康、存在自体が、神の御手の中にあることを思い起こすのは有益である」。

7　第五の祈り（一二節）

καὶ ἄφες ἡμῖν τὰ ὀφειλήματα ἡμῶν,
ὡς καὶ ἡμεῖς ἀφήκαμεν τοῖς ὀφειλέταις ἡμῶν.
（カイ・アフェス・ヘーミーン・タ・オフェイレーマタ・ヘーモーン、
ホース・カイ・ヘーメイス・アフェーカメン・トイス・オフェイレタイス・
ヘーモーン）

《第三版》「私たちの負いめをお赦しください。
私たちも、私たちに負いめのある人たちを赦しました。」

《２０１７》「私たちの負い目をお赦しください。

私たちも、私たちに負い目のある人たちを赦します。」
〈違い＝「負いめ」→「負い目」、「赦しました」→「赦します」〉

(1)「私たちの負い目をお赦しください」καὶ ἄφες ἡμῖν τὰ ὀφειλήματα ἡμῶν
（カイ・アフェス・ヘーミーン・タ・オフェイレーマタ・ヘーモーン）

「負い目」＝負債は、罪を表すアラム語の慣用的な表現である（M. Black, *An Aramaic Approach to the Gospels and Acts*）。罪は神に対する借金のようなものなのである。神から生命をはじめ多くのものを委ねられていながら、自分勝手に浪費して、負債が生じている。そして負債は返しきれない額に達している。残る道はただ一つ、負い目を赦していただく以外にない。まさにその赦しを神は与えてくださった。罪のない御子イエスを罪とし、私たちの負い目をすべて彼の背に負わせた。悔い改めてイエスに頼る者は、その罪が赦され、一切の負い目から解放される。

では、どうして「我らの罪を赦し給え」と繰り返し祈るのか。赦しが確かでないから、繰り返しお願いするのか。そうではない。私たちはキリストを信じて赦され義とされた。その状態に変わりはない。しかし、信じると同時に罪を一切犯さなくなるわけではない。聖霊は私たちを変えていかれるが、完全に罪がなくなることはない。そこで、すでに赦されていてもなお犯す罪について、神に赦しを求めるのである。神のみこころから外れていると気づいたとき、告白して赦していただくのである。さもなければ、赦されている事実に変わりはなくても、神との交わりは損なわれ、赦された喜びと確信は失われる。それでヨハネもすでに救われている人々に勧めている。「もし私たちが自分の罪を告白するなら、神は真実で正しい方ですから、その罪を赦し、私たちをすべての不義からきよめてくださいます」（Ⅰヨハネ一・九）。赦しを失わないようにと祈るのではなく、赦されているからこそ祈るのである。さらに豊かな赦しの恵みに進ませられるために。

(2)「私たちも、私たちに負い目のある人たちを赦します。」

ὡς καὶ ἡμεῖς ἀφήκαμεν τοῖς ὀφειλέταις ἡμῶν·

（ホース・カイ・ヘーメイス・アフェーカメン・トイス・オフェイレタイス・ヘーモーン）

《第三版》までは、「私たちの負いめをお赦しください」という祈りに続くことばを、「私たちも、私たちに負いめのある人たちを赦しました」と訳してきた。これを《2017》は「私たちも、私たちに負い目のある人たちを赦します」と変えた。

後半の文の頭には ὡς（ホース）がある。この語は、一般的には様態の類似性を示すものであるから、文語訳に「赦すごとく」とあるように、後半を先に訳すのが普通であろう。しかし、実例を導入する ὡς (Bauer–Danker-Arndt-Gingrich, *A Greek–English Lexicon*)、結果を導入するὡς (Louw & Nida, *Greek and English Lexicon of the New Testament* はヘブル三・一一を挙げる) といった例外もある。この箇所では、後半の冒頭には「私たちも」とあって、すでに述べたことを前提にしたものの言い方をしている。恵みの先行という聖書の教え (Ⅰヨハネ四・一九、エペソ四・三二) からすれば、神による罪の赦しが先行し、それと同じように「私たちも」と述べているように思われる。そこで、原文の順序のとおりに訳すほうがふさわしいのではないか。

第三版の訳は、神による赦しに励まされて自分が他の人たちを赦したことを挙げ、あらためて神に赦しを求めていると理解できる。しかし、この訳文では、自分たちが他の人の負い目を赦したことを根拠に、自分の赦しを求めていると解釈される危険性がある。それでは、赦しが恵みでなくなってしまう。また、実際に主の祈りをささげるとき、「赦しました」と言い切れないために、前半の「お赦しください」という祈りを祈ることをためらう人もいる。

実のところ、ἀφήκαμεν (アフェーカメン) はどう訳すべきなのだろうか。アオリスト時制なので、「赦しました」と訳すほうが自然と思われるかもしれない。しかし、アオリストは必ずしも過去の行為を意味しない。D・B・ウォレス (D. B. Wallace, *Greek Grammer Beyond the Basics*) は、このアオリストを「劇的」ととり、現在時制で訳すことを選択肢の一つとしている。また、「習慣的」とか「無時間的」と解して現在形で訳している英訳もある（*UBS Translators' Handbooks—New Testament*）。この箇所のアオリスト時制については、背後にあるセム語の動詞の用法から説明することが適切であろう。M・ブラック（M. Black, *An Aramaic Approach to the Gospels and Acts*）は、P・ジュオン（P. Joüon, *L'Évangel de Notre-Seigneur Jésus-Christ*）の指摘に賛成し、「セム的アオリスト」の用法の一つ、「口にした時点ですでに実行されている」行為を表すものとして理解している。J・エレミアス（*New Testament Theology*）やR・T・フランス（*The Gospel According to Matthew*）もその理解を継承し、アラム語の完了時制が背後にあって現在時制で訳すことが妥当と考えている。津村俊夫は、このアオリスト時制の背後にヘブル語の行為遂行的な完了形（Performative Perfect）があるのではないかと指摘する。この用法は、「私は約束する」「私は誓う」といった動詞に見られもので、発話が同時に当の行為の遂行を意味する。したがって、現在形で訳すのがふさわしい。自らが赦されているゆえに、その神の赦しを他の人に拡げることを宣言するものとして、あるいは、他の人を赦しつつ、自身についても神の赦しを求め続けていくことを明らかにするものと理解し、「私たちも、私たちに負い目のある人たちを赦します」と訳すのが、ふさわしいと思われる。（最近の邦訳では、フランシスコ会訳が「同じようにわたしたちも、わたしたちに負い目のある者をゆるします」と、現在時制で訳している。）

どのように訳すにしても、この第五の祈りは、神によって赦されることと他の人の罪を赦すことが、切り離し難い関係にあることを示している。そこで、主の祈りを結んだ後で、主イエスは付け加えておられる（一四―一五節）。「**14** もし人の過ちを赦すなら、あなたがたの天の父もあなたがたを赦してくださいます。**15** しかし、人を赦さないなら、あなたがたの父もあなたがたの過ちをお赦しになりません。」これに似た警告で終わる「無慈悲なしもべのたとえ」（一八・二三以下）が、このことばの真意を明らかにしてくれる。主人公のしもべは、王様に巨額の借金を全額免除してもらった。それなのに、仲間のわずかの借金を容赦なく取り立てた。その事実を知った王様は、「私がおまえをあわれんでやったように、おまえも自分の仲間をあわれんでやるべきではなかったのか」と言って、彼を牢屋に入れてしまう。主の祈りへの付加も、一八章のたとえも、一見、他の人を赦すことが自分が赦されることの条件になっているようであるが、たとえ話を注意深く読めば、赦されることが最初である。しかし、赦されているはずの者が他の者を赦さない。その他者を赦さないという事実が、その人自身が真に赦しを受け取っていない現実を明らかにしているのである。「その赦さない心が、その人がまったく悔い改めていない事実を明白に証ししているのである」（D. A. Carson, *The Sermon on the Mount*）。主の祈りに続く一四―一五節のことばも、その危険性を明らかにする警告である。

それにしても、自分は赦されていても、他の人を赦すことは難しい。しかし、赦さなければならない。自分の赦しだけで終わってはならず、他の人を赦すという課題に向かわなければならない。主のことばは、この大切なことに気づいていない者たちに対する警告である。どんなに人を赦せない自分であるか、頑なな自分に正直に向き合い、主の御前に自分の罪深さを告白するとき、そのような自分を赦してくださる主の恵みの大きさに驚く。そして赦された喜びを原動力として他の人を赦す者へと変えられていく。そのような恵みの世界が、第五の祈りとともに開かれていく。

8　第六の祈り（一三節）

καὶ μὴ εἰσενέγκῃς ἡμᾶς εἰς πειρασμόν,
ἀλλὰ ῥῦσαι ἡμᾶς ἀπὸ τοῦ πονηροῦ.
（カイ・メー・エイセネンケース・ヘーマース・エイス・ペイラスモン、
アッラ・リューサイ・ヘーマース・アポ・トゥー・ポネールー）
《第三版》「私たちを試みに会わせないで、悪からお救いください。」
《2017》「私たちを試みにあわせないで、
悪からお救いください。」
〈違い＝行替えと、漢字から仮名への変更〉

(1)「試みにあわせないで」μὴ εἰσενέγκῃς ἡμᾶς εἰς πειρασμόν
（メー・エイセネンケース・ヘーマース・エイス・ペイラスモン）

自らの必要のために祈る最後の祈願は「私たちを試みにあわせないで、悪からお救いください」である。「試み」と訳されているπειρασμός（ペイラスモス）は、「誘惑」とも訳せる。「試み」は積極的な意味で用いられ、「誘惑」は否定的な意味で用いられることばである。

神は確かに私たちの信仰を試みられる。アブラハムやヨブもそうだった。しかし、それは私たちを罪に陥れようとするからではない。神ご自身は私たちを罪にいざなう方ではない（ヤコブ一・一三）。むしろ、私たちを神に対するより大きな信頼に導こうとされる。だから、神がなさることは「試み」であって「誘惑」ではない。

荒野で悪魔は、イエスが神のみこころから外れるようにいざなった（マタイ四・一―一一）。ヨブも、神による許容の下においてであるが、悪魔が罪を犯させようとしている（ヨブ一―二章）。サタンのすることは人を罪に引きずり込み、神から引き離すことだから、「誘惑」である。

キリスト者は何のトラブルもない平穏無事な生活を約束されてはいない。毎日の生活の中で様々な試み、誘惑に直面している。「なぜこんな目にあわなくてはならないのか」という思いから神への信頼を失うかもしれない。人の何気ないことばに傷ついて怒りを抑えられなくなったり、テレビのコマーシャルで欲望が刺激されたりするかもしれない。インターネットで罪に陥る可能性もある。情報の洪水におぼれて、聖書に向かう時間を失うかもしれない。たとえ、それ自体は悪いように見えなくても、私たちを神から引き離すものが数多《あまた》ある。それどころか、自分にとってかけがえのないもの、愛すべきものまで誘惑となり得る。だから神はアブラハムに、「あなたの子、あなたの愛しているひとり子イサクを……ささげなさい」と迫ったのである（創世二二・二）。

しかも、私たちは決して強いものではない。「これでおしまい」と言い聞かせながら、つい手が出てしまう。お金の誘惑、異性の誘惑、名声、成功への誘惑に自分の力で打ち勝つことはできない。だから「試みにあわせないで」と祈らずにはいられない。ただ自分の弱さを告白して神の御手にすがりつく以外ない。

(2)「悪からお救いください」ἀλλὰ ῥῦσαι ἡμᾶς ἀπὸ τοῦ πονηροῦ
（アッラ・リューサイ・ヘーマース・アポ・トゥー・ポネールー）

最後の祈願は、ただ消極的に「試みにあわせないで」と祈るだけでなく、積極的に悪からの救いを求める。悪とその背後にいる「悪しき者」サタンの力から救い出されるようにという祈りである（ἀπὸ τοῦ πονηροῦ〔アポ・トゥー・ポネールー〕は「悪しき者から」とも訳せる）。

私たちは救われたとき、悪魔の支配から神の支配へと移された。使徒の働き二六章一八節に「それは彼らの目を開いて、闇から光に、サタンの支配から神に立ち返らせ、こうしてわたしを信じる信仰によって、彼らが罪の赦しを得て、聖なるものとされた人々とともに相続にあずかるためである」とある。主イエスが「だれも彼らをわたしの手から奪い去りはしません」と述べているように（ヨハネ一〇・二八b）、悪魔は私たちを主の御手から強奪することはできない。しかし何とか不従順で実を結ばないキリスト者にしようと、サタンは策略をめぐらす。そしてイエスご自身が荒野で試みられたように、私たちも試みられる。その意味で、霊的な戦いがある。「私たちの格闘は血肉に対するものではなく、支配、力、この暗闇の世界の支配者たち、また天上にいるもろもろの悪霊に対するものです」（エペソ六・一二）。

主イエスまで誘惑を受けたのか。然り。主イエスも誘惑を受けた。しかし、それだからこそ私たちには確かな希望がある。私たちの救い主は、私たちの試みのただ中において、まさに救い主なのだから。「イエスは、自ら試みを受けて苦しまれたからこそ、試みられている者たちを助けることができるのです」（ヘブル二・一八）。主は、誘惑との闘いに勝利し、父なる神への従順を貫かれた。このようなお方だからこそ、私たちは「お救いください」と祈れるのである。

9 主の祈りの結び（一三節b）

主の祈りの結びのことば、「国と力と栄えは、とこしえにあなたのものだからです。アーメン」は、《第三版》までは、〔 〕に入れて本文にあったが、《2017》では、脚注に移されている。実のところ、これまで本文に残されていたのは、主な邦訳の中で新改訳だけであった。

国際聖書協会（UBS）校訂本の第五版で{A}のマークが付けられているように、この結びが原文になかったことはほぼ間違いない。ただし、{A}判定で退けられながら、UBS第五版やネストレ・アーラント（NA）の校訂本二八版で〚 〛に入れて本文に残されているものもある。マルコの福音書一六章九節以下（福音書の長い結び）、ルカの福音書二三章三四節（十字架上でイエスがささげたとりなしの祈り）、ヨハネの福音書七章五三節―八章一一節（姦淫の女を赦すイエス）である。NA二八版とUBS第五版の説明によれば、〚 〛に入れて本文に残した理由は、本文の伝達の非常に早い段階で挿入され、教会の歴史において重要な意味を有したことであるとしている。マタイの福音書六章一三節後半はそのようなものとして認められなかったことになる。教会の歴史において重要な意味を有したと言うことはできたとしても、残存する初期の有力な大文字書体（アンシャル体）の写本には見出されない。加えて、付加された結びのことばは実に多様である（B. M. Metzger, *A Textual Commentary on the Greek New Testament* 参照）。「国と力と栄えは、とこしえにあなたのものだからです」は、数の上では最も多くの写本に見出されるが、二世紀のディダケーには「国と」が欠けており、シリア語の写本には「力と」が欠けている。古いラテン語の写本には「力はとこしえからとこしえまで、あなたのものだからです」とあり、時代を降ると「国と力と栄え」に「父と子と聖霊の」が付くものもある、といった具合に、結びの文は多種多様である。このようなわけで《２０１７》は、ＮＡ二八版とＵＢＳ第五版にならって、〔 〕に入れて本文に残すことをせず、脚注に移したのである。

それでは、《２０１７》で主の祈りを祈る教会はどうしたらよいのか。もし、主の祈りはあくまでも聖書のことばだけに限定すべきだという考えに立つのであれば、「悪からお救いください」で終わったらよい。しかし、古代の教会以来、主の祈りに結びのことばを補足してきた事実を重く見、また種々の結びがあるなかで、「国と力と栄えは、とこしえにあなたのものだからです。アーメン」ということばで祈る教会が多かったことを考慮するのであれば、これまでどおりの結び方で祈ったらよいと思われる。

牧会者の祈り

赤坂　泉

はじめに

今講座の当初の願いは、公同の礼拝における「祈り」の「聖書的な理解を求めて」学ぶことにあった。この講義では、「牧会祈禱」の理解を深めることを願って、「牧会者の祈り」という主題に、聖書と実践の二つの角度から近づくことを試みる。聖書から実践へ、と考えるのが正当だろうが、こんにちの「牧会祈禱」の実践は、聖書の明示的な規定による営為というより、教会史の中で多様に展開したものがそのまま散在しているように見える。それゆえ、実践史を簡潔に観察したうえで、聖書に学ぶ。

1　「牧会祈禱」をめぐる諸課題

「牧会祈禱」に慰めを見出し、励ましを得ている、という信徒の声もあれば、それが軽薄である、という信徒の嘆きも聞く。「このごろは牧会祈禱をしない〝不心得な〟牧師がいる」といった先輩牧師の苦言も聞いた。北米の状況についてのウィリモンの記述は興味深い。「主日礼拝の最大の問題の一つは『牧会祈禱』であって、その祈禱が長々しいという問題である。」[*1] この底流にあるのはピューリタンの伝統であろう。森本あんりが、一七世紀のニューイングランドのピューリタンについて次のように紹介している。「礼拝は、朝九時に始まり、最低でも三時間は続いた。祈りと聖書朗読に続いて説教があるが、牧師はまるまる一週間をその準備にあてる。牧師の祈りが一時間続くこともあり、長ければ長いほど評価された。」[*2]

このように、世代や文化的、教派的な背景の違いも含め、多様な印象が巷にあふれている。「牧会祈禱」をめぐる多様性や困惑が広く世界にあると考えてよかろう。そもそも「牧会祈禱」とは何なのだろうか。

(1) 形式と機能の問題

仮に「牧会祈禱」としたが、この名称からして一様ではない。英語の“Pastoral Prayer”の訳語だとして、日本語でも英語でも、これが牧師による祈禱を意味するのか、牧会に関わる祈禱という意味なのか曖昧な面がある。『キリスト教礼拝・礼拝学事典』の記事も明瞭さに欠ける。「元来英語では『牧会者の祈禱』とか『牧師の祈禱』という意味で使われてきたのであるが、日本ではこの祈りが牧師以外の司式者などによってもささげられるので、表記のような言葉になった。個人としてでなく、教会共同体としてささげられる礼拝の祈りである。……神の言葉を聞いてそれに応える教会の祈りとしてささげられるようになった。聖書朗読もしくは説教の後に、神の言葉への応答としてささげられることが多い。賛美と呼びかけ、懺悔と感謝、嘆願と執り成し、奉献と頌栄という祈りの諸要素が、臨機応変に取捨選択されつつ、総括的に祈られるのである。」[*3]

「牧会祈禱」がなされる場合の、公同の礼拝における位置と主体も多様である。たとえば、礼拝式順に「牧会祈禱」と表示される場合や、「祈禱」とだけ表示される場合や、表示されないが習慣的に行われている場合等、それが「説教」の直前に置かれる場合や、直後に置かれる場合や、説教と直結しない位置に置かれる場合等、牧会責任者が祈る場合、当日の説教者が祈る場合、司会者が祈る場合、当番の信徒が祈る場合等々、非常に多様な実践の形態がある。

名称と主体と位置の組み合わせによって、「牧会祈禱」に期待される機能にも非常に大きな幅のあることは明らかである。みことばの宣教に関連して聴衆のためにとりなす面もあれば、会衆の全般的な必要のためになされるとりなしもあり、さらに広く世界のためにささげられる祈りもあろう。

この講義では、ひとまず、「牧会者」による祈りに限定して考えることにする。

(2)　正当性の問題

それにしても、「牧会祈禱」がこれほどの多様性をはらんでいるとすれば、教会はその正当性を説明できるのか。その要否さえ、何を基準にして判断するのか。起源にも、聖書的な根拠にも十分な関心を向けずに、実践だけが受け継がれているのだろうか。

(3)　歴史的に

既述のように、聖書に向かう前に、歴史的な面からの観察を試みる。こんにちの「牧会祈禱」に直結する起源を特定することは容易ではないが、結論を先取りして、一六四五年のいわゆる「ウェストミンスター礼拝指針」にその源流を求めることが最有力候補であると述べておく。以下、関連する優れた数冊の著作からの引用を中心に考える。

①宗教改革以降

一六世紀の宗教改革におけるミサ批判とミサ再編については、ナーゲルの『キリスト教礼拝史』[*4]に詳しい。一五二六年に刊行されたルターの「ドイツ・ミサ」は、入祭唱、キリエ・エレイソン、コレクタ（集禱）と始まり、聖書の朗唱などが続く形式を提案している。「南ドイツ地方では、説教礼拝が広まり、一五五三年のヴュルテンベルクの教会規定においてこの完成形を見る。ラテン語の入祭唱に始まり、『ドイツ詩編歌―福音の宣教（これに含まれているものは、はじめの祈願 Eingangsvotum、神の恵みを請い求めること、無言での主の祈り、聖書本文の朗読、説教、報告）―先唱者と礼拝会衆による小声の唱和による十戒と信仰告白と主の祈り―一般的な教会の祈り―主の祈り―詩編または賛歌』と続く。[*5]」

カルヴァンの定式は、一五二四年の「教会の祈りと歌の形式、サクラメントの執行の方法と結婚の祝福式、古代教会のならわしによる」に示されたものが一五四五年に完成している。エウカリスティアにはいつも説教礼拝が先行した。毎日の説教礼拝では説教前後の祈りは、説教の内容を考慮するが、その祈りは説教者の自由な選択に任せた。日曜日の説教礼拝の定式は、アドユトリウム（「わたしたちの助けは天地を造られた主の御名にある」）―罪の告白と赦し―詩編歌―挨拶と祈り（コレクタ〔集禱〕の形式で）―詩篇歌―説教。この説教に先行して、祈りと主の祈り、会衆の詩編、説教者の自由な祈りがあった。―公同の執り成しの祈り―主の祈りのパラフレーズ―詩篇歌―アロンの祝福。[*6]

②改革派の礼拝[*7]

一五五〇年代の終わりにノックスはジュネーブを訪れて滞在し、同胞の亡命者たちの教会を牧会し、カルヴァンの『教会の祈禱の形式』（*The Form of Church Prayers*）を土台とした礼拝書を編集した。この礼拝書が後にノックスの『祈禱の形式』一五六六年、*The Forme of Prayers* として知られるようになった文書である。……スコットランドの長老派は一五六四年版のノックスの『祈禱の形式』にその一致を見出したが、その年の総会で牧師にはすべての教会の礼拝でその式文を使用することが要求された。これが後に『公同礼拝式順』(*Book of Common Order*) として知られるようになった式文であり、礼拝に明確な構造を与えるものとなった。……他方、イングランドにはスコットランド以外のところからの影響が及びつつあったし、事実、すでに長きにわたって影響を与え続けてきた力が存在した。イングランドのすべての人間が『祈禱書』を宗教改革における最上の果実とみなしていたわけではない。……ついにはピューリタン政府による共和国政府の時代のもと、ウェストミンスター会議において礼拝の新たな変革の次元を迎えることになった。この会議は十五年間にわたる『祈禱書』の使用停止とともにスコットランドにおける『公同礼拝式順』の放棄を決めたが、その一方で一六四五年に公刊された『イングランド、スコットランド、アイルランド三王国における公同の神礼拝のための指針』(*A Directory for the Public Worship of God Throughout the Kingdoms of England, Scotland, and Ireland*) と題された、いわゆる『ウェストミンスター礼拝指針』を支持した。この文書は改革派の伝統の本質的部分である礼拝式文を廃止した点で革命的なものだったにもかかわらず、後にそれは長老派の規範となったのである。

「公同礼拝の祈りも説教壇から行なわれた。『礼拝指針』ではその土地の言葉遣いを活かしながら、祈るべき標準的な内容を即席に言葉にすることが奨励されていたが、祈りの場における一般会衆の役割はそうした祈りを聞くという受け身の参加にとどまった。多くの場合、この『礼拝指針』の中に示された祈るべき内容への顧慮が低下するに従って、公同の祈禱は説教者の個性や知識を反映するものとなっていった。また個別の地域や教会への関心が強くなればなるほど、そうした祈りはより広い意味での教会的な視点を見失うことがあった。[*8]」

③**ピューリタン**

ピューリタンは『祈禱書』を激しく批判した。「ピューリタンが啓発的であると共に具体的状況への適応性を重視する祈りに関心を寄せてきたことを見てきた。そこから生じてきたものが、説教前に行われる長々とした祈り、もしくは『牧会祈禱』と呼ばれるものであった。『公同の神礼拝の指針』によれば、説教者は、説教の後、『その説教における主要でもっとも有益な知恵をいくつかの嘆願の祈りに改めて』祈るようにと記されている。[*9]」

④**ウェストミンスター礼拝指針**

『ウェストミンスター礼拝指針』は、ウェストミンスター神学者会議によってウェストミンスター信仰基準（信仰告白、大教理問答、小教理問答）とともに提示された。これは「イングランド、スコットランド、アイルランドのそれぞれの教会の国教会の礼拝にピューリタン的なアプローチを押し付けるものとなった。（中略）そこに記された『公同の神礼拝』"Public Worship of God"の式順は以下のようなものである。まず牧師による会衆への礼拝への招きがあり、人々に『（彼らが）神の間近に近づくに値しない堕落した存在であること、彼ら自身の完全な無力さのゆえに（礼拝へ招かれるということは）ひじょうな驚きに満ちたわざであること』を想い起こさせるような祈りがささげられる。そして、み言葉の朗読Reading of the Wordが行なわれ（連続的な聖書日課を基礎として『通常は旧約と新約からそれぞれ一章ずつ』読まれる）、詩編の歌唱、執り成しの祈り、罪の告白と執り成しを含むひじょうに長い牧会祈禱、み言葉についての説教、感謝の祈り、主の祈り、詩編歌、そして、祝福へと続く。このようなみ言葉の礼拝の構成が、数世紀間にわたって英語圏におけるほとんどの改革派教会の礼拝の基本となったのである」[*10]。

松谷好明『ウェストミンスター礼拝指針　そのテキストとコンテキスト』の第三部はウェストミンスター礼拝指針の本文と註である。原文にない章や小見出しが付けられ、明快な訳文で提示されているものを日本語で読めるのは幸いだ。「第三章　説教の前の公的祈りについて」について、「本章は次章（御言葉の説教について）とともに、本礼拝指針の中で最も長い章に属します。牧師が会衆を代表して、悔い砕けた魂と、神の恵みへの飢え渇きをもって真実の祈りをささげるようにという全般的規定に続き、祈りに覚えるべき内容が、教理的、教会的に明確な論理をもって具体的に列挙されます。（中略）本章の最後には、説教前の祈りについても説教後の祈りについても、牧師が思慮分別をもって順序・内容を適宜変えてもよいという、大切な規定があります」[*11]。以下に松谷の小見出しを紹介するだけでも、非常に包括的で、行き届いた祈りが求められていたことがわかるが、ぜひ指針の本文も参照することを勧める。第三章の小見出しは、1罪の告白、2自らについて嘆き悲しむ、3裁きと呪いに値することを告白、4キリストのゆえの赦しを懇願、5神の愛、確信、慰め、悔い改め、6聖化、堅忍、7福音と神の国の前進、特に三国のため、8上から下まで全国民のために、9安息日の聖別、10御霊の助け、あるいは照明を求める祈り、11牧師と会衆に対する御霊の働き、12祈りの順序は柔軟に、となっている。

⑤北米の自由教会

ホワイトは「フロンティア派の礼拝」と題する章を次のように書き出す。「アメリカのプロテスタント教会において、（そしておそらくアメリカのキリスト教において）もっとも広く浸透している礼拝の伝統には、はっきりとした名前がない。私は起源にちなんで名前をつけるという習慣に従って、この伝統を「フロンティア派の伝統」Frontier tradition と呼ぶことにする。……逆説的とも言えることだが、フロンティア派の教会は教会に属していない人々のための礼拝形式に関する重大な発見を行ったのであり、それは他の伝統が真剣に取り上げてこなかった問題であった。[*12]」

「一定の祈禱形式は、フロンティア派の伝統の歴史を通じて、今日まで依然として疑問視されつづけている。おそらくこうした傾向の最も積極的な一例として、クリスチャン・チャーチ（ディサイプルス）の場合、毎週行われる『聖餐の祈り』ですら、別々の信徒長老が主日ごとに祈禱文を作るという実例を挙げることができよう。この教派ではこのようにして、ひとりの人物が継続的に祈禱を担当することと印刷された定型祈禱文を用いることを排している。……一方、フロンティア派の伝統に立つ大部分の教会では、日曜日の朝の礼拝における祈禱の主たる部分が『牧会祈禱』によって独占されるという事例が見られた。礼拝参加者が全員で唱える祈禱形式は、聖公会においては（罪の告白と聖餐後の祈禱という形で）顕著に用いられたものであったが、フロンティア派の教会では、『主の祈り』を除いて、ほとんど用いられなかった。それらの教会は礼拝書を持たなかったために、共に祈るための手段も必要なかったのである。『牧会祈禱』the pasoral prayer（『ウェストミンスター礼拝指針』によれば、それは『説教前の公同の祈り』として詳細に規定されている）の中にはほとんどありとあらゆる祈禱の内容が盛り込まれていた。すなわち、そこには、罪の告白の祈り、賛美の祈り、感謝の祈り、奉献の祈り、執り成しの祈り、嘆願の祈り、さらにはまた往々にしてさまざまな報告すら含まれていたのである。[*13]」

⑥さかのぼって

さて、宗教改革以降の流れを簡潔に観察したが、さらにさかのぼることにも大きな意味があるはずではある。古代教会における典礼や祈禱書については、ナーゲルの『キリスト教礼拝史』に詳細な資料があるが、ここではホワイト『キリスト教の礼拝』からごく一部を紹介するにとどめる。

初代教会の礼拝がシナゴーグ礼拝の形式から影響を受けていたこと、また最初のキリスト者たちの日々の礼拝が旧約の定時祈禱の習慣から影響を受けていたことは間違いないだろう。

二世紀半ばの殉教者ユスティノスの『第一弁証論』から――

「そして、日曜日と呼ばれる日には、町や村に住む者たちがひとつの場所に集まり、時間の許す限り使徒たちの回想録や預言者たちの文書の朗読が行われる。朗読者がそうしたものを読み終えると、司式者が教えを説き、このような優れたことがらに倣うようにと勧告し、促す。次に、私たちは皆立ち上がり、共に祈りを唱える。それから、すでに述べたように、祈りが終わると、パンと葡萄酒と水が運ばれる。

現代的な表現によれば、ここには、旧約聖書及び新約聖書からの朗読、説教、そして(他の人々のための)『執り成しの祈り』general intercessionsもしくは『信徒の祈り』prayer of the faithfulが含まれていたことになる。[*14]」

「二一七年頃に書かれたと思われる『使徒伝承』の中で、ヒッポリュトスは彼の時代のローマにおけるキリスト者の活動について述べている。ヒッポリュトスは一日に七回行なわれる個人的な祈りの規範について記しているが、おそらくそれはとくに敬虔な人々によって実践されていた習慣だったのであろう。[*15]」

このように、旧約の定時祈禱の習慣は、初代教会においても継承され、古代教会へと引き継がれたと考えることができる。

(4) まとめ

「牧会祈禱」の源流を初代教会や古代教会に求めることも不可能ではないかもしれないが、具体的な形式として教会の共有するところとなった「牧会祈禱」は、宗教改革の流れの中で確立した説教礼拝の形式と「ウェストミンスター礼拝指針」に、その起点があると考えることが適当である。

2 聖書における「牧会祈禱」の源流

実践史を簡潔に観察した今、聖書に向かう。公同の礼拝における牧会祈禱とまで限定すると、その事例を見つけることは容易ではない。しかし、牧者が人々のために祈る、という主旨も視野に入れると、旧約にも新約にもその事例は豊かに存在していると言える。それらの中からごく少数の例を確認する。

(1) モーセの祈り

「牧者」モーセに導かれてエジプトから解放されたイスラエルの民は、エジプト軍に追われて主に叫び、水がないと不平を言い、空腹の不満をぶつける。そのたびに主の力強い御手の助けを体験させられるのに、なお拭えない不平と不信は、モーセを殺そうとするほどに増大する。他方では、アマレクに対する勝利を経験し、イテロの助言によって牧会の職務分担、民の組織化が図られる。そのようななかでシナイ契約に至るが、モーセが山に登った四十日四十夜の間に、民はアロンに迫り、自分たちを導く神々を造ることを要求する。金の子牛事件である。

「彼らを絶ち滅ぼす」と言われる主に対して、モーセが懇願する（出エジプト三二・一一〜一三）。

「すると主は、その民に下すと言ったわざわいを思い直された」（同一四節）。

翌日のとりなし（同三〇〜三二節）は、神の「書物から私の名を消し去って」でもという真剣な祈りであった。そうして後、三三章一二節以下では、モーセ自身の務めのため、民の道行きのために、神の助けと臨在を求めている。

これらに、牧者としての祈りの実例を認める。

詩篇九〇篇には「神の人モーセの祈り」という表題があり、その内容は「牧会祈禱」的であると言える。創造主との関係に招かれている幸いを告白し、人間存在のはかなさを告白し、神へのふさわしい恐れのうちを歩めるようにと祈り求め、神のあわれみを祈り求めている。これも好例と言えよう。

モーセの、民のための祈りは、その根拠を、神のご性質、神の契約に置いて、民が神の前に保たれること、神の約束の祝福にあずかることをとりなす祈りである。

(2) ダビデ

ダビデの、民のためにとりなす詩篇として一つだけ、詩篇二八篇を観察しておく。簡潔な表題からも本文からも、この詩の背景となるダビデの経験を特定することはできない。不当な状況にあって主を呼び求め、主の助けを叫び求める個人的な祈りが、六節から転じて、願いに応えて助けてくださった主をほめたたえる感謝の歌となり、さらに、八節で「主は彼らの力」と告白し、九節では神の民のためのとりなしの祈りとなっている。個人的な経験と確信に発して、民のために、まことの牧者に向かってとりなし祈る地上の牧者の姿を見る。

どうか御民を救ってください。
あなたのゆずりの民を祝福してください。
どうか彼らの羊飼いとなって
いつまでも彼らを携え導いてください。

モーセの場合と同じように、民が神の民であり、契約の民であることに訴えて、神の助けと祝福を祈っている。

(3) ソロモンの神殿奉献の祈りに見る牧会者性

列王記第一、八章の神殿奉献の祈りには、ソロモンの牧会者性が顕著に見られる。神を賛美し、契約と恵みを確認し(二三〜五三節の最初と最後で!)、民の祈りを聞き入れてやってくださるようにとりなす。そのうえで、民を祝福している。こんにちの「牧会祈禱」の聖書における原形として学ぶべき最も重要な祈りであるかもしれないが、この講義の関心はパウロに向かう。

ここまで、モーセ、ダビデ、ソロモンと少数の事例を観察しただけだが、牧者として民のためにとりなして祈るその根拠が共通しているという観察は重要である。その根拠とは、神のご性質であり、選びであり、契約であり、恵みである。牧者が民のために主の助けと祝福を祈り求める根拠は、民の側にも牧者にもないのであって、それは全く神の側にある。

(4) 主イエス

ヨハネの福音書一七章は「大祭司の祈り」とも称される、弟子たちのために主によってささげられた祈りである。主は世に遣わされる弟子たちを、悪い者から守ってくださるようにととりなす。ここでも神の選びが根拠であるが、加えて、弟子たちがみことばを受け入れ、主を信じていることを強調しているようにも見える。（詳しくは別途学ぶ必要がある。）

(5) パウロ

パウロ自身の祈りは多数記録にとどめられている一方で、他の牧会者に対する、その務めにおける祈りについての具体的な指示はごく限定的である。その貴重な事例としてテモテへの手紙第一、二章一～四節に注目する。なお、この箇所をもってパウロの「牧会祈禱」観を描き出すには足りないので、パウロによる祈りの実例からもあわせて学ぶことにする。テモテへの手紙第一との関連で、エペソ教会との関係に限定していくつかの聖書箇所も観察する。

3 テモテへの手紙第一、二章の学び

テモテへの手紙第一は、エペソ教会の牧会に関わるテモテへの勧告と励ましの手紙である。テモテの個人的生活についての勧告であるような印象の強い部分も含め、全体が牧会者テモテのあり方と奉仕についての勧告である、と考えるのが適切である。

(1) 背景

パウロの宣教「戦略」は三つの都市に焦点を結んでいる。小アジアの州都エペソ、ギリシアの中心地コリント、当時の世界の中心であるローマである。エペソに対する関心の集中は、使徒の働き一九章、二〇章に記録されている伝道・牧会、獄中からのエペソ人への手紙の注意深い執筆とティキコ派遣、使徒の働き二八章以降にもう一度実現したと考えられるエペソ訪問とその際のテモテの任命、テモテへの手紙第一の執筆などの多くの事実を通して浮き彫りにされている。拠点都市に形成された教会がその周辺地域の宣教を引き受けていくことを、パウロは展望していたと考えられる。(コロサイ宣教をその好例と見ることができる。)

パウロが「信仰による、真のわが子」と呼ぶテモテは、使徒の働き一六章で紹介されて以来、パウロに同伴し、コリントでもローマでも協働した伝道者である。パウロは、マケドニアの諸教会やコリント教会に対して、テモテに代理者のような役割を託している。それほど信頼しているテモテを最後にエペソに残して、その地の監督的な牧会者として任命したのである。

(2) 文脈

テモテへの手紙第一は、テモテ個人に対する書簡であると同時に、パウロのエペソ教会に対する深い関心の発露である。一章三〜七節などから知られるエペソ教会の状況に鑑みて、テモテの使命を確認し、牧会の務めを励ます手紙である。

テモテに託された務めは、とどまって、命じる（きっぱりと伝える）ことである。その内容の最初の二つは、①違った教えを説かないように、②……に心を寄せたりしないように、である。教会の指導者たちの間にそのような状況が起こっていたからだ。すでにエペソ人への手紙にも「人の悪巧みや人を欺く悪賢い策略から出た、どんな教えの風にも、吹き回されたり、もてあそばれたりすることがなく」（四・一四b）とあるとおりである。求められていることは、「むしろ、愛をもって真理を語り、あらゆる点において、かしらであるキリストに向かって成長するのです。キリストによって、からだ全体は、あらゆる節々を支えとして組み合わされ、つなぎ合わされ、それぞれの部分がその分に応じて働くことにより成長して、愛のうちに建てられることになります」（四・一五、一六）。

教会の健全な建て上げは、パウロの宣教戦略に照らして、きわめて重要であるわけで、それゆえの訪問、そしてほかならぬテモテの任命である。その直後に書かれたのであろう本書において、とどまれ、という命令を思い出させるのは、テモテが気落ちしていたことを示唆するのか。あるいは、テモテの監督としての奉仕にパウロの支持があると明記することで、テモテの働きに一定の権威を与えようとしたのかもしれない。

上記の命令、警告が一章七節まで続く。一章八〜一一節は、律法の本来の目的を明らかにして、律法と福音を結びつける。一章一二～一七節は、パウロの証しであるが、律法と福音との関係についての弁証であるとも言える。神のあわれみが強調され、神の寛容、神の恵みが浮き彫りにされる。一章一八節は、一章三節からの冒頭段落の再確認のようなことか。一章一九、二〇節のような状況が実際にあったからだ。この一章一八～二〇節は挿入的であって、二章一節の「そこで」は、一章一二～一七節を受けていると考えられる。神のあわれみ、神の恵みがパウロという先例の上に豊かに示されているという事実の確認を踏まえて、以下の勧告である。

(3) 当該箇所の研究

①「そこで、私は何よりもまず勧めます。」

「そこで」は一章一二～一七節を受けていると考える。

「何よりもまず」は、時間的な意味ですべてに先立って、と解すれば新改訳第三版のように「まず初めに」となり、質的な面を強調してすべてに先立って、と解すれば新改訳2017のように「何よりもまず」と訳出することになる。後者のほうが、より文脈に適合していると考えられる。

「勧めます」が節頭に置かれた主動詞である。ギリシア語「パラカレオー」は多様な意味を持つ語だが、パウロの全用例五十四のうち、一人称単数は十八例。すべてパウロを主語としており、勧告の内容や相手との関係性に応じてニュアンスの異なる訳し方になっているのは適切なことだ。新改訳2017の訳語は「勧める」が十回、そのほか「お願いする」四回、「願う」「頼む」「言う」「懇願する」となる。

本節の動詞は対象を明示していないが、書簡の初めからここまでは一貫してテモテに対する勧めであることから、また内容面からも、第一義的にはテモテに対する勧めである。なお、エペソ教会の牧会指導に関わる文脈での勧告であり、また、二章八節以下で教会員の祈りのありようについても教え始めることから、本節は、テモテがその牧会指導を通して、教会をこのような祈りに導くことも期待している勧告であると受けとめるのがよいだろう。この箇所を「公的礼拝」における祈りを教えている、と解する少数の注解者[16]もあるが、そこまで述べるに十分な論拠はないと考える。

②「願い、祈り、とりなし、感謝をささげること」

動詞「ポイエオー」は、四つの目的語「願い、祈り、とりなし、感謝」の内容に即して「ささげる」と訳されるのであって、これらの名詞に動作を与えるための、中立的な動詞である。[17]この動詞(現在形、不定詞)が中動態なのか受動態なのか、という議論には踏み込まない。というのも、その区別そのものが意味をなさない、という考え方がありうるからである。詳論しないが、國分功一郎『中動態の世界——意志と責任の考古学』の大変興味深い提案があるということだけ言及しておく。[18]

次に四つの目的語「願い、祈り、とりなし、感謝」の意味と関係性について検討する。

構文上で同じ位置にある名詞が接続詞なしに連続するのは、テモテへの手紙にしばしば見られる現象である。たとえば、一章二節の「恵みとあわれみと平安がありますように」も（新改訳は「と」と表示しているが）接続詞のない、類似の現象である。パウロ書簡冒頭の挨拶／祈りに限定すると、テモテへの手紙第一、第二以外のパウロ書簡は、すべて「恵みと平安」が接続詞「カイ」で結ばれて用いられるのと対照的である。テモテへの手紙では、一章五節、「この命令が目指す目標は、きよい心と健全な良心と偽りのない信仰から生まれる愛です」（一三、一四節、Ⅱテモテ一・七等）のように「カイ」で接続される一般的な表現もあれば、一章一〇節a、「淫らな者、男色をする者、人を誘拐する者、嘘をつく者、偽証する者のために」（Ⅱテモテ一・二等）のように接続詞を用いない併置も多数あり、特徴的である。接続詞を置かないことの意味については断定を避けるが、テンポよく語ることでより印象的に伝わる、という効果があるのではなかろうか。[*19]

四つの名詞については、意味の重複もあるので、あまり厳密な区別を試みないのが良い。それでも、これらの語彙のそれぞれの拡がりについて少し学んでおくことは有益だ。

〈願い〉――「デエーシス」

新約に十八例中、パウロに十二例。[*20] 訳語としては、「祈り」のほうが多く（注参照＝傍点）、「願い」と訳される四か所（注参照＝太字）はいずれも「祈り・プロセウケー」とともに用いられている箇所である。注の太字傍点部から推察できるように、「デエーシス」は〝願い事〟のような意味ではない。BDAG（Bauer, W. A. *A Greek-English Lexicon of the New Testament and Other Early Christian Literature.* 3ed.）の説明は"urgent request to meet a need, exclusively addressed to God"であり、訳語は"prayer"である。

〈祈り〉―「プロセウケー」

新約に三十六例中、パウロに十四例[*21]のすべて「祈り」と訳される。同根の動詞は八十五例中十五例で、これらもすべて「祈る」と訳される。「デエーシス」との重複はエペソ人への手紙六章一八節、ピリピ人への手紙四章六節、テモテへの手紙第一、二章一節、五章五節。

〈とりなし〉―「エンテウクシス」

新約には二例のみ。本節では「とりなし」と訳され、本書四章五節では「祈り」と訳されている。

〈感謝〉―「エウカリスティア」

新約に十五例中、パウロに十二例。同根の動詞は三十八例あり、二十四例がパウロ。同じく形容詞でパウロの一例。パウロの用例はすべて「感謝」と訳されている。ピリピ人への手紙四章六節では、願い「デエーシス」と、祈り「プロセウケー」と三語が重複している。

このように、パウロにおいて、これら四つの用語は意味の重なり合いを持ちながら用いられている類語であって、それぞれに独自の意味を強調し過ぎないことが適切である。あえて類語を並べるのは、祈りの多面性を軽んじないようにという配慮の表れと考えたい。

③「すべての人のために」

本節の中心的な関心は、(これらの祈りの〝種類〟にではなく)、すべての人たちのために、という点にあると考えられる。文脈は、一章一二〜一七節と直結していると述べた。パウロは、「信じて永遠のいのちを得ることになる人々の先例」として神のあわれみを受けたと言う。また、二章四節に「神は、すべての人が救われて、真理を知るようになることを望んでおられます」と続き、二章六節でも、キリストの贖いがすべての人のためである、と確認されている。このように、文脈が示すのは、救いへの関心である。

④王たちと高い地位にあるすべての人のために

王たち、と複数形が訳出されたのは良かった。特定の王のことでなく、王たちと高い地位にあるすべての人たちのために祈るようにとの命令は、牧会者の祈りの視野狭窄についての重ねての警告なのではないか。なお、国家的な権威の意味と理解については、ローマ人への手紙一三章やペテロの手紙第一、二章などを学ぶことが重要である。

⑤二つの「ために」の関係

二つの「ために」の関係について検討しておくことが必要だ。先に「すべての人(たち)」とあるのだから、これを並列と解して、言及されなかった他の部分を二つ目の「ために」で並記していると考えるのは不適当である。また「すべての人(たち)」と述べながら、二つ目の「ために」でその範囲を限定する、あるいは、前者を説明するという理解も適当ではない。むしろ、一つ目の「ために」で述べたことで十分であるところを、読者(テモテ)の注意をあえて喚起するようにして二つ目を重ねたと考える。つまり、本来、すべての人と述べれば十分のところ、その中に王たちや高い地位にあるすべての人たちも含めているか、と祈りの視野狭窄に対する、重ねての注意喚起として受けとめる。[*22]

⑥平安で落ち着いた生活(第三版=平安で静かな一生)

「平安で落ち着いた生活」の「平安」と訳される「エーレモス」は新約に本節のみ。BDAGの訳語は、“quiet, tranquil”「〔混乱のない〕静かな、穏やかな、〔心配のない〕冷静な、落ち着いた、〔動きのない〕一定した、安定している」である。「落ち着いた」(ヘースキオス)はパウロでは本節のみ。ほかにはペテロの手紙第一、三章四節、「柔和で穏やかな霊」と訳される。BDAGの訳語は quiet, well-ordered。これら二つの用語は意味の重複を持つ類語であり、類語を重ねることで、外的な状況から内面の有様まで全体に及ぶ平安を強調しているのだろう。すべての人の救いのために祈ることは、神のみこころと整合することであるゆえに、平安で落ち着いた生活をもたらすし、そうしないことは、私たちを内面から揺さぶり、私たちの生活にも不安定を来すことになる。

⑦「いつも敬虔で品位を保ち」（第三版＝敬虔に、また、威厳をもって）

「敬虔」（エウセベイア）の語群は新約に二十二例中、パウロに十三例でそのすべてが牧会書簡で用いられているという事実は特筆に値する。テモテへの手紙第一、五章四節以外はすべて「敬虔」と訳されている。

「品位」（セムノテース）のほうは新約に三例で、すべて牧会書簡のパウロの用例である。第三版では三例とも「威厳」だった訳語が、２０１７では「品位」と「威厳」とに訳されている。

この箇所も類語の併置による強調と考えられる。

⑧三節の「それ」の指示対象

三節の代名詞「トゥート」を新改訳２０１７は「そのような祈りは」と訳出した。明快ではあるが、代名詞をそこまで限定してよいものか再考を要する。もう一つの可能性は、二節後半を指すこと。第三版「そうすることは」、新共同訳「これは」のように曖昧にしておくほうが良いのではなかろうか。

⑨「良いこと、喜ばれること」

「良い」（カロス）はきわめて一般的だが、「喜ばれる」（アポデクトス）は珍しい語で、新約にテモテへの手紙第一に二例あるのみ。この場合は、近接語によって「カロス」の意味が拡がりすぎないようにして、強調しているのだろう。

⑩「私たちの救い主である神」

「私たちの救い主である神」という表現は、神が、人間の救いを計画し、完成して、提供してくださっている、という意味で、二章四〜六節に照らしても、そのまま素直に受け取れる。ところが、実は新約には稀な表現であり、しかも牧会書簡に集中的に用いられている（新約に約七回中の六回。テモテへの手紙第一ではほかに一章一節にある。四章一〇節も翻訳では同様に見えるが、実際には関係代名詞節による別な組み立てである）ことを考えると、別な面も考慮に入れる必要がある。その一つは、ローマ皇帝が自分を救い主と称して、礼拝を要求したことを意識している可能性である。もう一つは、エペソのアルテミス礼拝に関わる同様の可能性である。

⑪「すべての人」

一節で「すべての人」（の救い）のために祈るように命じた、その根拠は、神が「すべての人」が救われて、真理を知るようになることを望んでおられるから（四節）である。さらに、神は唯一で、その神と人の仲介者も唯一（五節）だから、また、「キリストは、すべての人の贖いの代価として、ご自分を与えてくださいました」（六節a）。だから、キリスト者はすべての人の救いのために祈るのである。

⑫「救われて、真理を知るようになる」

「救い」という動詞には多様な意味がある。福音書では訳し方も多様だが、パウロの用例では二十九例中に「助かる」と訳される一例があるほかは、すべて「救い」と訳される。テモテへの手紙第一の二章一五節のように、その意味に少しの拡がりが見られる場合もあるが、本節では、後半とも相まって、一般的な意味での「救い」と見てよい。

「真理を知るようになる」は、直訳すると真理の知識へと至る」で、「知識」（エピグノーシス）は、より一般的な知識（グノーシス）の語よりもいくらか強調された用語だろう。もとより、単に知識として何かを獲得する、というだけでなく、より体験的な意味を含む概念である。「真理」は、牧会書簡では、福音の使信と同義語のように用いられている、ともいう。[*23]

(4) まとめ

一節は、こんにち、しばしば為政者のためにとりなす祈りの根拠として引用され、特に、為政者が正しく政治を行うように、との祈りを励ます聖書箇所として受け取られていることが多いように思われる。しかしパウロの関心は、明らかに「救い」にある。すべての人のために救いを祈れ、というのがパウロの勧告である。王たちも高い地位にある人たちも除外してはならない。神は、すべての人が救われることを望んでおられるのだから、牧会者の祈りが、ある人々をその対象から除外してはならない、ということである。

私たちにおいても、人が救われるように祈ること自体をやめてしまうことはないとしても、特定の人々をその祈りの対象から除外してしまう、という危険があろう。テモテとエペソ教会にとっての、王たちと高い地位にある人たちを除外する危険は、私たちにとってはどのような種類の人々を除外する危険でありうるのか、真摯な自己吟味を要する。

4　パウロの（牧会者としての）祈りからも

テモテへの手紙第一との関連で、パウロの牧会者としての祈りを、エペソ教会との関係に限定して、いくつかの聖書箇所から観察しよう。

(1)　使徒の働き一九章

第三次伝道旅行におけるエペソ滞在は三年にも及ぶが、その間のパウロの活動についての直接的な記事はほとんどない。二〇章のパウロの述懐を通して、少しの情報を得るだけだ。また、記録されている「祈り」もない。

(2)　使徒の働き二〇章三六節

パウロにとってのエペソ教会の「戦略的」重要性については既述。エペソ教会の長老（牧会者）たちをミレトスに呼び寄せたことも、その意味で、パウロにとって重要な出来事である。最後に「パウロは皆とともに、ひざまずいて祈った」とある。祈りの内容には全く言及がないが、説話の内容に鑑みて、長老たちが目を覚まして、みことばの真理を思い起こして、その務めに励めるようにと、主にとりなし祈ったと想像することは無茶ではなかろう。

(3) エペソ人への手紙

エペソ人への手紙には、(エペソおよび諸)教会のためのパウロの祈りが多数ある。冒頭、一章二節で教会のために恵みと平安を祈る。一章三〜一四節の壮大な賛美が続き、そのあと、一章一五節から感謝ととりなしの祈りが記される。教会の信仰と愛を聞いて、教会を主に感謝するパウロは、教会が「知る」ことについてとりなし祈る。知るべきことは様々に記されているが、興味深いことに、パウロの教会のための祈りは、しばしば「知る」ことに焦点を結んでいる。コロサイ人への手紙やピリピ人への手紙においても顕著である。

この手紙は一〜三章の前半と、四〜六章の後半と、意図的な二部構成をなしていると考えられるが、前半の結部も、ふたたびパウロの(牧会の)祈りである。教会が強められること、満たされること、そして愛を「知る」ことを祈り、神をほめたたえる賛美(頌栄)をもって締めくくる。書き出しと呼応している(かのようである)。後半では、多数の、多面的な命令が矢継ぎ早に繰り広げられる。その最後、六章一〇節、「終わりに言います。主にあって、その大能の力によって強められなさい」と教え、そのためにも（自分たちのために）祈ることを命じ、またすべての聖徒たちのために祈ることを命じる。その祈りがパウロのためにもささげられるようにと、具体的な祈りのリクエストも加えられる。神の御力を、多様な用語を用いて描き、教会を強める神の恵みを思い出させる。そうして、二三、二四節の祈りをもって結ぶことは、一章二節と呼応しているようにも見える。

5 まとめ

聖書から「牧会祈禱」について考えてきた。「牧者」たちが、神のご性質に訴え、神の契約に訴えて、神の民のために守りと祝福をとりなして祈った姿が浮き彫りになった。テモテへの手紙第一においては、パウロのような者をも、この上ない寛容をもって救った神のあわれみが強調されており、その神のご性質に訴えて、すべての（種類の）人の救いを祈るように、と勧めているパウロの勧告を見た。テモテへの手紙第一の二章から、為政者のために、正義と公正を、というとりなしを迫られることも適切ではあるとしても、勧告の中心にあるのはその救いのために祈ることである。

6　結びに

以上の学びを通して確認できたことのうち、三つのことを再確認しておく。

・公同の礼拝における「牧会祈禱」の、形式上の源流を聖書に求めることは適当ではない。それは、宗教改革における説教礼拝の成立とともに確立していったものであり、形式としてたどることのできる起点は「ウェストミンスター礼拝指針」にあると考えられる。

・「牧会祈禱」の本質的な源流は、聖書の多数の事例の中に見られる。そこには倣うべき多くの祈りの事例があると言える。

・何をもって「牧会祈禱」と考え、その目的と機能をどのように設定するかは、牧会者各々の奉仕の理念（牧会の神学）に応じて多様でありうる。

7　「牧会者の祈り」にかかるいくつかの提案

(1)　「牧会祈禱」の目的と機能

牧会者が公同の礼拝においてささげる「牧会祈禱」は、神の恵みのご性質とみわざとに根拠を置いて、会衆の神との関係を確認し、神の助けと祝福を求めてとりなすものであると考えられる。

そのような「牧会祈禱」は、副次的に（→というのも、祈りは神に向かうことばであって、人に聞かせるものではない）いくつかの機能を果たすことにもなろう。たとえば、会衆に、神との関係の自覚を促し、その関係に生きる願いを確認させる。あるいは、会衆の、ことばにならない、またことばにできないうめきを、代わって神に申し上げることで、会衆がことばを発見する。また、会衆が祈ることばを新たに獲得し、祈る信仰を励まされる。

(2) 「牧会祈禱」の形式と内容

「牧会祈禱」の形式や内容は、牧会者の牧会の神学に応じて多様で良い。特に、形式には定型はない。ただし、形式を軽視することは、形式に拘泥することと同じく、本質を見失うことにつながる危険があるので、教育的な配慮は必要である。内容においては、定型はないとしても、その目的に照らして必要な事項が含まれていることを確認することが重要である。牧会理念、教会に集う人々の状況、教会の状態、社会と国家と世界の情勢などに鑑みて、十分な事項が含まれているようにすべきである。また、たとえば「ウェストミンスター礼拝指針」のような客観的な情報に照らして、牧会祈禱の内容を吟味することも有益である。

(3) 成文祈禱と自由祈禱

上記の考察は成文祈禱と自由祈禱の問題とも不可分である。自由教会の伝統に生きる者たちには、成文祈禱は不自由であるという思い込みや、自由祈禱だけが真の祈禱であるかのような決めつけがあるかもしれない。あらためて、聖書と教会の歴史に豊かに存在する祈禱から学びたい。自由祈禱は、時として、不注意な偏りや、不用意で不適切な表現、浅薄な決まり文句の繰り返し等によって蝕まれることを覚えたい。

「礼拝式文や讃美歌集、そして週報などに印刷された祈りを用いることの価値は、会衆が十分な認識をもってそれに参加できるという点にある。会衆はそうしたものによって次に来るものがなんであるかを予期することができ、会衆自らが祈りの言葉を唱和することができ、そして彼らの『アーメン』が本当の応答になることを望むような場合には、その祈りの文章をあとでもう一度読み直すということもできるのである。讃美歌が印刷された歌集のかたちをとって存在するというのと同じ理由から、印刷された祈りもまた存在する。すなわち、それによって会衆のだれもが礼拝の行為に参加することができ、それによってすべての人がひとつになることができるようにするためである。[*24]」

(4) 牧師による祈りと信徒による祈り

「牧会者」による祈りに限定して考え始めたのではあるが、「牧会祈禱」が、会衆の祈る信仰を励まし、互いのために祈ることにおいて成長することを助け、さらにその祈りの視野を拡げて行くことは幸いなことである。

公同の礼拝において誰が牧会祈禱を担当するかも、牧会の神学に応じて多様でありうる。私的礼拝や個人の祈りが、「牧会祈禱」に示される信仰姿勢に教えられて、整えられていくことは、個々人にとっても、教会にとっても幸いなことである。豊かな祈りの輪が教会全体に及び、信徒の相互牧会が充実していくだろう。

一同で、すべての種類の人々の救いのために祈り、労することをもって、平安で落ち着いた生活を送りたい。

(5) 公の祈りと密室の祈り

公同の礼拝という文脈における「祈りの聖書的な理解を求めて」、「牧会祈禱」の理解を深めることを願って学んできたが、ほかにも様々な場面でささげられる公の祈りがあり、また、密室における祈りの奉仕がある。むしろ、それこそが「牧会者の祈り」の核心とも言える。

それゆえ、言及しないわけにはいかない。しかし、そこのところは、実は、各々よくわかっている。その意義も目的も重要性もよくわかっているし、その障壁も知っている。そして、格闘している、はず、である。何か、一つ、二つの講義を通して、全く新しい気づきに導かれるとか、全く新しい実践に導かれるとかいうことではなかろう。これまで主が教え、励ましてくださったそのお取り扱いの延長線上で、一人ひとりが成熟を求めるところである。

今回講座の全体が、その務めに関わる示唆を加え、また励ましとなることを信じる。

注

1 ウィリアム・ウィリモン『礼拝論入門——説教と司式への実践的助言』新教出版社、一九九八年、五八頁
2 森本あんり『反知性主義』新潮社、二〇一五年、五〇頁
3 『キリスト教礼拝・礼拝学事典』（日本キリスト教団出版局、二〇〇六年）の「牧会祈禱」（大宮溥）から抜粋
4 W・ナーゲル『キリスト教礼拝史』教文館、一九九八年
5 同書、一七一頁
6 同書、一八〇、一八一頁から要約
7 J・F・ホワイト『プロテスタント教会の礼拝——その伝統と展開』日本キリスト教団出版局、二〇〇五年、一二〇〜一二七頁から抜粋

8　同書、一三四頁

9　同書、一三九頁

10　J・F・ホワイト『キリスト教の礼拝』日本基督教団出版局、二〇〇〇年、二一七、二一八頁

11　松谷好明『ウェストミンスター礼拝指針　そのテキストとコンテキスト』一麦出版社、二〇一二年、三七頁

12　J・F・ホワイト『プロテスタント教会の礼拝——その伝統と展開』三一九頁

13　同書、三四〇、三四一頁

14　J・F・ホワイト『キリスト教の礼拝』二〇八、二〇九頁

15　同書、一七八頁

16　Kelly, J. N. D. *A Commentary on the Pastoral Epistles*. Black's New Testament Commentaries. London: A. and C. Black, 1963.

Dibelius, Martin. *The Pastoral Epistles*. Hermeneia: A Critical & Historical Commentary on the Bible. Fortress Press, 1972.

17　BDAG (Bauer, W. A. *A Greek-English Lexicon of the New Testament and Other Early Christian Literature*. 3ed. University of Chicago Press, 2000) は、七つの意味項目の七番目 "make/do someth. for oneself or of oneself" の意味の "a. mostly as a periphrasis (迂言法) of the simple verbal idea" の例として本節を挙げる。中動態ととる。

18　國分功一郎『中動態の世界――意志と責任の考古学』医学書院、二〇一七年
哲学者の遡及に基づく提案で、言語学者の評価は多様のようだ。能動態と受動態、失われた中動態という構図を問い直し、この三区分の発生の起点は不明としながらも、「現存する最古のギリシア語文法書」として紀元前後のトラクスの文法書 *tekhh gramatikh* を読み解く。ここにある、energeia と pathos という区分をラテン語に訳したときに activum と passivum としたのが誤りで、むしろ遂行を意味するエネルゲイアと経験を意味するパトスが本来の意味であったという主旨の提案である。主語が動作の外にいるのか、その中にあるのか、という区分と言い換えることもできる。非常に興味深く、なお精査を要すると考える。

19　Mounce (WBC) は次のように述べる。"It is a Semitic literary device that groups synonyms to add luster to the basic concept (see the description of wisdom in Prov 1:1–6)." (これは、類語を重ねることで基本概念に潤色を加えるという、セム語的な技巧である。箴言一・一～六参照。)

20　ローマ一〇・一「兄弟たちよ。私の心の願い(エウドキア)、彼らのために神にささげる祈りは、彼らの救いです。」
Ⅱコリント一・一一「あなたがたも祈りによって協力してくれれば、神は私たちを救い出してくださいます。そのようにして、多くの人たちの助けを通して私たちに与えられた恵みについて、多くの人たちが感謝をささげるようになるのです。」

Ⅱコリント九・一四「そして彼らは、あなたがたのために祈るとき、あなたがたに与えられた、神のこの上なく豊かな恵みのゆえに、あなたがたを慕うようになります。」

エペソ六・一八「あらゆる祈りと**願い**によって、どんなときにも御霊によって祈りなさい。そのために、目を覚ましていて、すべての聖徒のために、忍耐の限りを尽くして祈りなさい。」

ピリピ一・四「あなたがたすべてのために祈るたびに、いつも喜びをもって祈り……」

ピリピ一・一九「というのは、あなたがたの祈りとイエス・キリストの御霊の支えによって、私が切に期待し**望ん（エルピス）**でいるとおりに、このことが結局は私の救いとなることを知っているからです。」

ピリピ四・九「何も思い煩わないで、あらゆる場合に、感謝をもってささげる祈りと**願い**によって、あなたがたの**願い事（アイテーマ）**を神に知っていただきなさい。」

Ⅰテモテ二・一「そこで、私は何よりもまず勧めます。すべての人のために、王たちと高い地位にあるすべての人のために**願い**、祈り、とりなし、感謝をささげなさい。」

Ⅰテモテ五・五「身寄りのない本当のやもめは、望みを神に置いて、夜昼、絶えず神に**願い**と祈りをささげていますが……」

Ⅱテモテ一・三「私は夜昼、祈りの中であなたのことを絶えず思い起こし、先祖がしてきたように、私もきよい良心をもって仕えている神に感謝しています。」

21 ローマ一・一〇、一二・一二、一五・三〇、Ⅰコリント七・五、エペソ一・一六、六・

一八、ピリピ四・六、コロサイ四・二、一二、Ⅰテサロニケ一・二、Ⅰテモテ二・一、五・五、ピレモン四、二二節。

22　ちなみに、ギリシア語本文では、二つ目の「ために」句は二節にある。新共同訳は、本来二節にはない「ささげなさい」を補うことで、二つ目の「ために」を二節に置いたが、命令形動詞が繰り返されているかのような誤解を招く。フランシスコ会訳のように、一、二節と表示して訳出するのも一つの可能性ではないか。

23　ἀλήθεια, "truth," is used in the PE as a technical term for the gospel message-the truth. It is the "whole revelation of God in Christ" (Kelly, 62). It occurs fourteen times in the PE. Once it describes what is true (1 Tim 2:7a; cf. use of ἀληθής, "true," in Titus 1:13). In every other instance it is used objectively as the embodiment of the truth-Paul's gospel (1 Tim 2:7b). To know the truth is to be a Christian (1 Tim 2:4; 2 Tim 2:25), . . . (Mounce, WBC)

24　ウィリアム・ウィリモン『礼拝論入門――説教と司式への実践的助言』五七、五八頁

礼拝における公同の祈り

鞭木由行

序　牧会者と祈り

この研修講座ではそれぞれの講師が、祈りに深い関わりのある聖書箇所を取り上げ、研究発表を行ってきましたが、この最後の講義では、聖書釈義的なアプローチを離れて、私たちの礼拝において祈りはどうあるべきか、ということを聖書、伝統、礼拝での慣例に沿って包括的に考えていきます。これらは私にとって専門外のことですが、でも同時に長年牧師をしてきた者として、私の取り組むべき課題であるとも思っています。あらためて「礼拝における公同の祈り」はどうあるべきなのかというテーマを考える機会が与えられたことを喜んでいます。

多くの牧会者は自分の奉仕を「祈りとみことば」と考えています。それは「私たちは祈りと、みことばの奉仕に専念します」という使徒の働き六章四節のみことばに倣ってのことでしょう。そして、みことばを学び、研究し、またみことばの奉仕を説教という形式で実践してきたのです。しかし、祈りはどうでしょうか。みことばが強調されるほどには、祈りは強調されてこなかったのではないでしょうか。神学校においても、みことばの学びほどには祈りに時間を用いることはありません。祈りは、今まで十分に教えられることなく、個人的な修練に委ねられきた分野です。特に、私たちは「礼拝において祈りはどうあるべきなのか」ということを、プロテスタントの教会や神学校で学ぶ機会はほとんどなかったのではないかと思います。「個人として、牧師として、いかに祈るか」そういう意味では祈りに関する本も様々に出版されていますし、個人的に密室で祈るということにそれなりに大きな時間を裂いてきたことでしょう。しかし、問題は公同の礼拝において祈りはどうあるべきかであり、それはあまり学ぶ機会がないばかりか、案外おろそかにされてきたのではないかと思います。

このような問題について、初めはどのように準備したらよいものかと迷いましたが、私にとってオールド（H. Old）の著書 *Leading in Prayer: A Workbook for Worship*（『祈りで導く――礼拝の手引き』）に出会って、少し方向性を見いだすことができたように思います。後ほどその本からも少し話をしたいと思っています。通常、私たちは祈りを二つに分割します。一つは個人的・私的な祈りであり、もう一つは、公的な祈り、公的な共同体としての祈りです。そして、ここで考えようとしているのは、まさに公的な祈り、共同体としてささげる公の祈りです。私的な祈りについてのガイドブックは出版されてきても、礼拝における祈りのあり方を論じた書物に出会ったことはほとんどありません。でも上記のオールドの本を読み、礼拝における祈りのあり方を考えさせられました。たとえば、礼拝における祈りは準備すべきものか、それとも、その場で導かれた即興的な祈りが良いのか。もし祈りを準備するなら何をどこまで準備すべきか等々という問題でした。

この講義では、そのような問題を以下の順に考えていこうと思います。まず、礼拝における祈りの位置を考えます。礼拝において祈りはどのような位置を占めているのか。あるいは占めるべきなのかを考えたいと思います。次に、第二章で公的な祈りと私的な祈りの違いと関連性を考え、そのうえで、そのような公的な祈りを聖書から学んでいきます。最後に、礼拝における様々な祈りの形態を考えたいと思います。そして結論として、「礼拝とは祈りである」ということを考えたいと思います。

第一章　礼拝における祈りの位置

「祈りの家となる」の預言

まず「礼拝における公の祈り」に関して、最も重要なイザヤ書五六章七節のみことばを考えるところから始めたいと思います。この箇所で預言者イザヤは、やがて「主のしもべ」と呼ばれるメシアが現れて、苦難と犠牲によって救いをもたらし、新しい礼拝が生み出されることを預言しています。

なぜなら、主がこう言われるからだ。
「わたしの安息日を守り、
わたしの喜ぶことを選び、
わたしの契約を堅く保つ宦官たちには、
わたしの家、わたしの城壁の内で、
息子、娘にもまさる記念の名を与え、
絶えることのない永遠の名を与える。
また、主に連なって主に仕え、
主の名を愛して、そのしもべとなった異国の民が、
みな安息日を守ってこれを汚さず、
わたしの契約を堅く保つなら、
わたしの聖なる山に来させて、
わたしの祈りの家で彼らを楽しませる。

彼らの全焼のささげ物やいけにえは、
わたしの祭壇の上で受け入れられる。
なぜならわたしの家は、
あらゆる民の祈りの家と呼ばれるからだ。……」（五六・四―七）

ここには来たるべき時代の礼拝の特徴が二つ挙げられています。一つは、救いはもはやユダヤ人にだけ限定されているのではなく、宦官や異国の民を含むすべての民に開かれているので、礼拝は公同的であるべきこと。もう一つは、そのときその礼拝は「受け入れられる」ことです。なぜ礼拝が受け入れられるのか。その理由は「わたしの家は、あらゆる民の祈りの家と呼ばれるから」です。つまり、私たちが礼拝においてささげるものは、もはや動物のいけにえではなく、もっぱら祈りをささげるようになるからです。これによってイザヤは、神に喜ばれる礼拝の姿を明らかにしました。これがイザヤの預言した新しい時代の礼拝の姿でした。

このみことばに照らすとき、今日の教会の姿は「祈りの家」と呼べるものでしょうか。教会の真の礼拝をテストするのは「わたしの祈りの家で彼らを楽しませる」ということが実現しているかどうかということです。神はその祈りの家で、彼らを楽しませるお方です。私たちの集いは祈りの家であり、祈りを共にささげるなかに教会の本当の喜びや楽しみがある。それは賛美も同じです。賛美も神への祈りだからです。共に賛美のいけにえをささげることに教会の喜びがあります。ですから、私たちがここから点検すべきことは、私たちの教会は、はたして「祈りの家」と呼ばれるにふさわしいかどうかです。その祈りの家で私たちは楽しんでいるかどうかということです。私たちの中に、教会が「祈りの家」では物足りない、という思いはないでしょうか。主イエスの求めたもうことは、教会が「祈りの家」であることです（マタイ二一・一二―一三）。祈りこそが私たちが神にささげる主要なささげ物です。イザヤ書五六章を通して、まずこのことを確認しておきましょう。

神殿における祈り

旧約における祈りの家の実例として、私たちは真っ先にソロモンの神殿奉献を思い起こします。確かにソロモンは神殿を「祈りの家」として奉献したのです。それは次のようなソロモンの神殿奉献の祈りに現れています。

「そして、この宮、すなわち『わたしの名をそこに置く』とあなたが言われたこの場所に、夜も昼も御目を開き、あなたのしもべがこの場所に向かってささげる祈りを聞いてください。あなたのしもべとあなたの民イスラエルが、この場所に向かってささげる願いを聞いてください。あなたご自身が、あなたの御住まいの場所、天においてこれを聞いてください。聞いて、お赦しください。……同様に、あなたの民イスラエルの者でない異国人についても、その人があなたの御名のゆえに、遠方の地から来て、彼らが、あなたの大いなる御名と力強い御手と伸ばされた御腕について聞き、やって来てこの宮に向かって祈るなら、あなたご自身が、あなたの御座が据えられた場所である天でこれを聞き、その異国人があなたに向かって願うことをすべて、かなえてください」（Ⅰ列王八・二九―四三。比較、並行箇所Ⅱ歴代六章）。

上記は部分的な引用です。ソロモンの祈り全体のアウトラインは以下のようになっています。

八・一―一一　契約の箱を神殿に納める
八・一二―一三　神殿の建設者ソロモンの詩的宣言
八・一四―二一　ソロモンの会衆へのアピール
八・二二―三〇　ダビデ契約への言及
八・三一―五〇　祈りをささげる七つのケース
三一―三二　ある人が隣人に罪を犯したとき

三三—三四　国民が敵に打ち負かされたとき
三五—三六　旱魃のとき
三七—四〇　種々の天災のとき
四一—四三　異国人の祈るとき
四四—四五　戦争のとき
四六—五〇　敗戦のとき
八・五一—五三　シナイ契約への言及
八・五四—六一　祝禱

七つの嘆願をささげる直前にダビデ契約が、直後にシナイ契約が言及されています（二一—三〇、五一—五三節）。このことから、ソロモンの祈りは契約関係を基盤としていることが分かります。ソロモンは、まず「契約と恵みを守られる方」に呼びかけ、神の契約の約束を長々と思い出すことによって祈り始めます。ソロモンにとって神は何よりも契約を守るお方です。ソロモンは、契約に対する神の忠実さ（ヘセド）を熟知していました。さらにソロモンはシナイ契約を引き出します（五三節）。こうしてこの祈りは、ダビデ契約に始まりシナイ契約に終わっているのです。ですから、祈りの神学的基盤は契約の教理です。

最後の祝禱（五四―六一節）は、祝福だけではありません。神と民との密接な関係の持続を求めています。その後に、六二節からいけにえの奉献が始まります。こうして、ソロモンは神殿を「祈りの家」としてささげました。ソロモンは何よりも神殿を祈りの家と考えていたのです。それは、主イエスが神殿を「すべての民の祈りの家」（マルコ一一・一七）と呼んだことと軌を一にしています。

初代教会の祈り

次に、初代教会の姿から祈りの家がいかに実現しているかを見ておきましょう。主イエスがベタニアで昇天された後、弟子たち百二十名は「非常な喜びを抱いて」エルサレムに帰って来て、エルサレムのある家の屋上の部屋に集まりました。この家こそ初代教会の最初の集会所となりました。そこには十一人の弟子たちと主イエスに従っていた女性たち、さらに主イエスの母マリアや主の兄弟たちが集まっていたことがわかります。彼らは集まって、何をしていたのでしょうか。「彼らはみな、女たちとイエスの母マリア、およびイエスの兄弟たちとともに、いつも心を一つにして祈ってい」（使徒一・一四―一五）ました。ここに「祈りの家」があります。彼らが最初にしたこと、そして、その後一貫して行っていたのは、祈ることでした。「彼らはみな」とありますように、ペテロやヨハネや、その教会を代表する人々が祈っていたのではなく、そこに集った百二十人全員が、みな祈っていたのです。初代教会は、全員が祈る、全員が祈禱会に参加する教会でした。教会は、その起源の時から祈りに専念していたのです。ここに、イザヤの預言の最初の成就がありま す。

それは決して一時的なことではありませんでした。二章四二節には、「使徒たちの教えを守り、交わりを持ち、パンを裂き、祈りに専念していた（プロスカルテレオー）」とあります。この四二節は直訳するなら、「彼らは使徒たちの教えと交わり、パン裂きと祈りに専念していた」となるでしょう。四つのことを言っていますが、実際には二つのグループに分けることができます。「使徒の教えと交わり」そして「パン裂きと祈り」です。ルカは接続詞を使って、はっきりと四項目を二つに分類しています。このことは、なぜ交わりが二番目なのかを説明するのです。それは使徒の教えと交わりが密接に関連しているゆえです。交わりは、使徒の教えを共有する結果として生まれてくるからでしょう。同じように、祈りはパン裂きと密接に結びついています。この「祈り」は、礼拝の場における「共に祈る祈り」です。それは、この四二節全体から容易に察しがつくだけではなく、この「祈り」という言葉に定冠詞が付いていることからも、ある学者は、これは個人的な祈りではなく「公同の祈り」であると指摘しています。初代教会は何よりも教会として共に祈る祈りに熱心であったのです。今日流に言えば、初代教会の祈禱会は大いに祝福され、大勢の人々が共に祈るために集まった、そういう教会でした。

さらに使徒の働き六章を見ると、再び「祈り」が「専念する」と一緒に出てきます。ここにも、教会が祈りの家であったことが分かります。彼らが専念したのは、みことばと祈りです。「私たちは祈りと、みことばの奉仕に専念します」(四節)。「望みを抱いて喜び、苦難に耐え、ひたすら祈りなさい」(ローマ一二・一二)。ここでは、「ひたすら……する」とありますが、これも「専念する」と原語は同じです。パウロは個人のことではなく、教会を相手に書いているので、教会が絶えず祈りに励むことを命じているのです。最後に「たゆみなく祈りなさい」(コロサイ四・二)と教会に命じています。以上見てきたように、この「専念する」あるいは「いつも……しなさい」(プロスカルテレオー)というのは、新約聖書の中に合計十回現れますが、五回まで祈りについて言われています。それは、初代教会において祈りがどれほど重要な位置を占めていたのかを証ししています。教会は、祈りを絶やすことなく、一貫して祈り続けたのです。

私たちが注目すべきもう一つの言葉は、彼らが「心を一つにして」祈ったということです。これも実は初代教会の祈りの大きな特徴でした。これも使徒の働きに十回出てきます。それは、初代教会には、内的な一致、霊的な一致があったことを指しています。単に専念しただけでなく、深い一致に支えられてもいた祈りです。

使徒教父時代（二世紀）の祈り

旧約聖書と新約聖書から、教会における祈りの位置を見てきましたが、同時に、新約聖書の直後の時代は、その時間的隔たりが少ないがゆえに、大いに興味のある分野です。使徒後教父の文献には、礼拝の様子がしばしば記されています。しかし、資料が断片的であるために、統一的な記述を期待できないばかりか、むしろ多くの問題に直面しますが、いくつかを見ておきたいと思います。

『ディダケー（十二使徒の教え）』（二世紀初め）は祈りについて最古の定式を記録しています。八章には主の祈りが次のように載っています。

「祈るときは偽善者のようにではなく、主がその福音書でお命じになったように、次のように祈りなさい。すなわち『天におられるわたしたちの父よ。あなたの名が聖とされますように。あなたの国が来ますように。あなたの意志が、天におけると同様、地上でも行なわれますように。わたしたちの日用のパンを今日わたしたちにお与えください。わたしたちがわたしたちに負債のある人たちを許すように、わたしたちの負債もお許しください。わたしたちを試練へと連れて行かず、悪から解放して下さい。

力と栄光とは永遠にあなたのものだからです。』 毎日三回、このように祈りなさい」（荒井献編『使徒教父文書』講談社文芸文庫、三三―三四頁）。

また九章には聖餐式のときの具体的な祈りの模範が、さらに一〇章には満腹した後の祈りの模範が記されています。そこでは、パンと杯のための祈りがあります。

「聖餐については、次のように感謝しなさい。最初に杯について。『わたしたちの父よ。あなたがあなたの僕イエスを通してわたしたちに明らかにされた、あなたの僕ダビデの聖なるぶどうの木について、あなたに感謝します。あなたに栄光が永遠に（ありますように）。』 パンについて。『わたしたちの父よ。あなたがあなたの僕イエスを通してわたしたちに明らかにされた生命と知識とについて、あなたに感謝します。あなたに栄光が永遠に（ありますように）。このパンが山々の上にまき散らされていたのが集められて一つとなるように、あなたの教会が地の果てからあなたの御国へと集められますように。栄光と力とはイエス・キリストによって永遠にあなたのものだからです』」（『使徒教父文書』三四頁）。

ユスティノス『第一弁明』六五―六七（一五〇年ごろ）は、初代教会の礼拝についての最初の克明な記録を残していて、そこには教会が生き生きと祈っていた様子が記録されています。

「さて、私共は、信仰を抱きかつ教えに同意した者に、上述の仕方で洗礼を授けてから、この人を兄弟と呼ばれる者たちの所に連れて行きます。その目的は……他のすべての人々のために、公同の熱い祈りをささげることです」（六五・一）。

「太陽の日と呼ぶ曜日には、町ごと村ごとの住民すべてが一つ所に集い、使徒たちの回想録か預言者の書が時間の許す限り朗読されます。朗読者がそれを終えると、指導者が、これらの良き教えに習うべく警告と勧めの言葉を語るのです。それから私たちは一同起立し、祈りを捧げます。そしてこの祈りがすむと前述のように、パンとブドウ酒が運ばれ、指導者は同じく力の限り祈りと感謝を献げるのです。これに対し会衆はアーメンと言って唱和し、一人ひとりが感謝された食物の分配を受け、これにあずかります」（六七・三—五。『ユスティヌス』キリスト教教父著作集Ⅰ、教文館）。

最後に、クレメンスの『コリントのキリスト者への手紙第一』五九章三節—六四章一節には、当時の礼拝でささげられた非常に長い祈りが記録されていることを付記しておきます（荒井献編『使徒教父文書』一三一—一三六頁）。

以上、旧約聖書と新約聖書、使徒教父時代に祈りが占めている重要性を追ってきました。教会が理想的であった時代、教会はいつも祈りの家であったことが分かります。古代からささげてきた祈りが今も受け継がれていることは、それ自体興味深いことです。

シナゴグ礼拝での祈り

初代教会の祈りが新約時代直後の祈りであるとすれば、シナゴグ礼拝の祈りは新約時代直前の祈りです。主と弟子たちは、シナゴグ礼拝に参加していたので、シナゴグ礼拝での祈りにも当然大きな影響を受けたでしょう。ここでは、イーデルゾーンの『ユダヤの礼拝とその発展』(A. Z. Idelsohn, *Jewish Liturgy and Its Development*, Shocken Books, 1960) を主な手掛かりにしてシナゴグにおける祈りを考えます。シナゴグ礼拝での祈りは二つの根本的要素（賛美と願い）から成り立っています。一つは、創造者である神に対する賛美 (laudation) であり、もう一つは、神に向かって自分の、また自分の民の、必要を願い求めること (petition) であり、礼拝の構造も賛美 (Shevah) と祈り (Tefilla) から成っていました。

シナゴグでの中心的祈りは、Tefilla あるいは、立って唱えられたので Amida とも呼ばれます。立って祈ることはユダヤの古い習慣でした。シナゴグでの中心的祈りは、このAmida（十八項目から成る祝福を求める祈り。紀元一〇〇年ごろに、一つ加わって十九となった）でした（参照、詩篇一〇六・三〇）。この祈りのテキストは口頭で伝えられ、ミシュナとタルムードの時代には記述されることはありませんでした。したがってこの祈りがテキストとして残っているわけではありませんが、整った祈りであり、主イエスも弟子たちもこの祈りをしていたと考えられます。しかし、このAmida（十八の祈り）は、その場で自由に即興的にそのテーマを拡張して自由に祈ることができました。

Amidaは、三部構成になっており、その中心は十三から成る会衆の祈りです。最初は三つの賛美と感謝の祝福で始まります。この祈りの中心にあるのは、続く六つの個人的色彩の強い願いと、その後に来る七つのイスラエルの繁栄ための祈りです。最後に、三つの祝福の祈りがあって（それも賛美と感謝）、アロンの祈りで閉じます。この祈りの特徴は、願いやとりなしが賛美と感謝の内に挟まれていることで、それぞれの願いととりなしは、祝福と感謝で閉じられています。会堂管理者は会衆の一人にささげられるべき適切な祈り、すなわち「十八の祝福」を祈るように呼びかけます。指名された者は、契約の箱の前に出て、顔をその箱に向け、公同の祈りを導きます。それに対して会衆は「アーメン」で答えるのです。この十八の祝福は以下のように広範囲の項目を含んでいます。

三つの開会の祝福
〈神への賛美〉
1 あなたは神です
2 あなたは力強い
3 あなたは聖です
それゆえに私たちは求めます——
十三の差し迫った願い
〈霊的祝福〉
4 知恵と理解力
5 悔い改め
6 罪の赦し
〈物的祝福〉
7 イスラエルの回復・自由
8 病の癒やし
9 幸福
〈社会的祝福〉
10 散らされた者たちの再統一

11　完全な正義
12　敵へのさばき
13　正しい者への報い
14　新しいエルサレム
15　メシア
16　祈りの聴聞
　それゆえ……

三つの最後の祝福

〈神への感謝〉

17　エルサレム礼拝の回復
18　感謝を受け入れてください
19　「あなたの民イスラエルに、あなたの町に、そしてあなたの相続地に平和を与えてください。そして、私たちをみな（一つにして）祝福してください。平和の造り主である主に、あなたに祝福がありますように。」

以上が、シナゴグにおける一般的な祈りの姿でした。(R. Webber ed., *The Complete Library of Christian Worship*, Hendrickson Publishers, 1993, pp.131ff.)

イーデルゾーンは、祈りにおいて初代教会がシナゴグから直接的な影響を受けていることを指摘して多くの実例を紹介しています（pp. 301–308）。その類似性は確かに興味深いものですが、これらがすべてシナゴグからの直接的影響というより、旧約聖書を共通の基盤としていることからくる類似性であることも忘れてはならないと思います。イーデルゾーンの指摘するいくつかの類似点を紹介しておきます（シナゴグの祈りは、すべてAmidaの祈りから引用されています）。

「私たちの誇り、また満々たる自信は、私たち自身にではなく、彼のうちにあるように。私たちは彼の意志に服そう。彼の御使いの大群全体が、どのように彼の側に侍って、彼に仕えているかを考えよう」（Iクレメンス三四・五以下にある初代教会の祈り）。

「私たちはあなたの御名をこの世界において聖とします、彼らがいと高き天においてそれを聖としていると同時に。あなたの預言者の手によって書かれているように。『そして、彼らは互いに叫んでいった。「聖なる方、聖なるかな、聖なるかな、万軍の主、全地は彼の栄光で満ちています」』」（Kedusha in Amida）。

「このパンが山々の上にまき散らされていたのが集められて一つとなるように、あなたの教会が地の果てからあなたの御国へと集められますように」（『ディダケー』九・

四)。
「私たちの解放のために大いなる角笛を鳴らせ。地の四隅から私たちの補囚の民を集めるために旗を揚げよ。イスラエルの見捨てられた者たちを集める、あなたが、主よ、崇められますように」(Ben. 10 in Amida)。

主の祈りについても多くの類似点があることを指摘しています。

「天にいます私たちの父よ。御名が聖なるものとされますように」に関連して、「私たちの父よ」という呼びかけは、Amida の第五と第六の祝福の中に、また「シェマー」の二番目の祝福の中に現れます。また「御名が聖とされますように」も同様です。

次に、「御国が来ますように。みこころが天で行われるように、地でも行われますように」という祈りは、「ご自分がみこころにしたがって創造した世界において彼の偉大な御名があがめられ、聖とされますように。あなたが生きている間に神が御国を確立されますように」(Kiddish) という祈りと比較できます。

また「私たちの日ごとの糧を、今日もお与えください」については、「私たちをあなたの善で聖別し、私たちの年を祝福してください」(Amida 9) との類似性が指摘されています。

そして「私たちの負い目をお赦しください。私たちも、私たちに負い目のある人たちを赦します」は、「私たちの父よ、私たちの犯した罪をお赦しください。私たちの王よ、私たちが犯した咎を免除してください。あなたは罪を確かに赦す恵み深いお方ですから」(Amida 6) と並行しています。

さらに「私たちを試みにあわせないで、悪からお救いください」は、「私たちを罪に、あるいは咎、不正、誘惑、あるいは恥に導かないでください」と比較されています。終わりに「国と力と栄えは、とこしえにあなたのものだからです」も、「王国はあなたのものだからであり、とこしえにあなたは栄光のうちに支配されるからです」(Alenu) と比較されうるでしょう。これはもともと歴代誌第一、二九章一一節に基づくと言われています。

礼拝に関してシナゴグから継承したその他のことをいくつか補足しておきます。まず初代教会は、日に三度の礼拝時間を守っていました。朝の礼拝のための第三時(使徒二・一五)、昼の礼拝のための第六時(同一〇・九)、午後の礼拝のための第九時(同三・一)の集いが新約聖書に見られます。また聖書朗読と説教、詩篇の朗唱なども初代教会は当然のように受け継ぎました。また使徒書簡の頌栄と挨拶の言葉もシナゴグから継承されたものです(Ⅱコリント一一・三一、エペソ一・三、ガラテヤ一・五、ピリピ四・二〇)。祈りをアーメンによって閉じることも、その起源は旧約聖書にあっても、シナゴグの習慣が引き継がれたものと言えるでしょう。初代教会の礼拝がシナゴグ礼拝から大きな影響を受けたことは明白です。それは祈りにおいても同様でした。シナゴグ礼拝の主要な要素は「祈り（賛美）とみことば」でした。そういう意味ではイザヤの預言した「祈りの家」がすでに成就していたと言うことができるのかもしれません。そして、シナゴグにおける祈りとみことば中心の礼拝に聖餐式を付け加えることによって初代教会の礼拝が成立したのです。

第二章　礼拝における公的祈りのあり方

これまで教会は祈りの家であるという観点から考えてきましたが、次に、私たちが考えたいテーマは、礼拝における公の祈りとはどうあるべきなのかということです。ここで、私は最初に提示した二種類の祈りについてあらためて考えたいと思います。新約聖書を見ると、祈りには二種類あることが分かります。一つは、個人的な祈りです。主イエスはこの個人的な祈りについても多くを教えました。個人で、ひとり神と向き合って祈る、私たちがデボーションと呼び、あるいは「静思の時」と呼ぶのはこれです。その時は、主イエスは、隠れて人に知られないように祈ることを勧めました。マタイの福音書六章五節「祈るとき偽善者たちのようであってはいけません。彼らは人々に見えるように、会堂や大通りの角に立って祈るのが好きだからです。まことに、あなたがたに言います。彼らはすでに自分の報いを受けているのです。あなたが祈るときは、家の奥の自分の部屋に入りなさい。そして戸を閉めて、隠れたところにおられるあなたの父に祈りなさい。」このように個人的に祈る場合には、隠れて祈るほうが良いのです。それは、しばしば主イエスの生涯にも見られるものでした。福音書は何度も主イエスが一人で寂しいところへ出て行って祈る習慣を持っていたことを伝えています。たとえばマルコの福音書一章三五節には、「イエスは朝早く、まだ暗いうちに起きて寂しいところに出て行き、そこで祈っておられた」とあります。これが主イエスの習慣でした。

これは私たちにとっても不可欠のことです。私たちの信仰と私たちの霊的状態とはまさに日々のデボーションの実態の中に反映されるからです。私たちが自分の信仰の状況を知りたければ、自分がどのようなデボーションを持っているかを調べれば良いのです。それは私たちの信仰のバロメーターです。このような個人的な祈りの時間の大切さはどれほど強調してもし過ぎることはありません。特に牧会者である者にとってそれは死活問題です。

しかし、聖書はこのような個人的な祈りのほかに、もう一種類の祈りについて教えています。そして、礼拝における祈りを考えるとき、そのほうが重要です。それが「公的祈り」「共同体としての祈り」です。一人ではなく多くの人と一緒に祈る祈りです。

カルヴァンに見る私的祈りと公的祈り

この問題をカルヴァンの『キリスト教綱要』から少し考えてみたいと思います。『綱要』三篇二〇章は、祈りについての有名な章です（カルヴァン著、I・ジョン・ヘッセリンク編・解説『祈りについて――神との対話』新教出版社）。カルヴァンは祈りを「神との親しい会話である」と定義し（一―三節）、そこには正しい法則があるとして四つの法則を述べています。それは二〇章の最初の一六節です。第一の法則は、神と対話を持つにあたって、心をふさわしく整え、高めることです。心を祈りに集中します。私たちの精神も感情もはるかに低いところにあるので、私たちは祈るために聖霊の助けを求める必要があるのです。それによって聖霊は、生来の力では把握できない信頼、願い、嘆願を私たちのうちに引き起こしてくださるのです。

第二の法則は窮乏の認識と悔い改めです。祈り求めるときはいつも自分の不十分さを自覚し、我々が求めているものがどんなに必要であるかを真剣に思い、燃え上がる熱意をもって祈ることが肝要です。真剣さと真面目さをもってささげられない祈りは神に対する冒瀆です。

第三の法則は、へりくだって憐れみを求めることです。祈る者は、へりくだり、自分には価値があるという一切の思いを排し、自分に対する信頼を放棄する。自分こそ罪人であることを告白し、罪の赦しを求めることは祈りの最も重要な部分であると言います。

第四の法則は、確かな希望と確信をもって祈ることです。祈りは答えられるという希望によって鼓舞されていなければなりません。祈りはその先導者たる信仰に随伴します。実りある祈りをしようとするならば、求めるものは得られるとの確信を両手でしっかりと捕らえていることが必要です。また祈りには慎みが必要です。それは熱狂的な性急な祈りの反対です。

以上のような法則を述べた後で、次の二八節と二九節で、密室の祈りと公同の祈りについて論じています。この二八節でカルヴァンは、私たちのささげる祈りは二種類であると言います。つまり、神への「祈願」と「感謝」です（詩篇五〇・一五）。祈願の祈りによって私たちは自分の願いを神に注ぎ出し、感謝によって私たちは与えられた数々の恵みをほめたたえます。この二つの祈りは本質において一つと言えるでしょう。

さらに、次の二九節でカルヴァンは、まず公同の祈りの必要性と危険性について語ります。危険なのは、長い祈りではなく、饒舌多弁な（バッタロギア）祈りです。もう一つの危険は、自分に注意を向けさせるような祈りです。祈りの目標は、神にまっすぐに向けて賛美を告白し、かつ助けを求めることだからです。

次に、カルヴァンは密室での祈りと公同の祈りの関係について次のように語ります。

「私たちも必要な場所では聖い手を挙げて祈る。だから教会で祈ることを拒む者はだれも、家の中でひとりで祈ることを知らない者であり、また逆に個人的に祈ることをなおざりにする者は、どんなに勤勉に公の集会に通い詰めても、隠れた神のさばきよりは人間の評価の方に傾いている。」そして、共同の祈りの重要さを論じています。教会における共同の祈りが侮られないために、神は共同の祈りに輝かしい賛辞を与えた。つまり、その宮を「祈りの家」と呼んだ（イザヤ五六・七）のです。神はこの呼び方によって、「主なる神は、祈る勤めこそが御自身に対する礼拝の主要部分であることを教えている。また信仰者たちが一つとなって祈りを執り行うために……宮を建てることを命じたのである」。

また次の三〇節ではマタイの福音書一八章一九―二〇節を引用します。「まことに、もう一度あなたがたに言います。あなたがたのうちの二人が、どんなことでも地上で心を一つにして祈るなら、天におられるわたしの父はそれをかなえてくださいます。二人か三人がわたしの名において集まっているところには、わたしもその中にいるのです。」したがって神は公になされた祈りを決して軽んじないと証言しておられます。

カルヴァンの公的祈りの具体例

カルヴァンが実際にどのような公的祈りをしたのか、レイス編『クリスチャン生活』

(John Calvin, John H. Leith ed. *The Christian Life*, WIPF and STOCK Publishers) に「公的な、定まった祈り」の具体例が論じられています。そこには「朝の祈り」「仕事に行く前の祈り」「学校へ行く前の祈り」「食前の祈り」「食後の感謝」「就寝時の祈り」などの実例が載っています (Calvin, *Tract*, Vol 2, pp. 94ff.)。それらは、カルヴァンが説教後に即興的に祈った短い祈りとは違っています。その公の祈りを観察してヘッセリンクは五つの特徴を数えあげています。

第一は、神に対する呼びかけです。神の至高性や威光についてより、神が父であることへの言及が際立っていること。「私の神、私の父、見守ってくださる方よ」「ああ、主なる神よ、憐れみ深い父、救い主よ」「慈しみ深い神、また父と呼ばせてください」というような呼びかけがしばしば用いられています。第二に、罪の告白があります。カルヴァンは、どんなに一般的な祈りにおいても、特定の罪のことを認識しています。怠惰であること、無感覚、肉の欲、貪欲、所有欲、神への不信、忍耐のなさ等々。第三は、神の憐れみとイエス・キリストによる恵みを請い求めていることです。第四に、神の導きを求める祈りがあります。「太陽によってこの世を照らしてくださるように……御霊の照明によって私の心を照らし、それによって義の道へと導いてください」、「聖霊によってすべての王、君公、為政者らを導くことを神がよしとしてくださいますように」のように、特に聖霊の導きを求める祈りがささげられる。第五は、全生涯にわたって神に栄光を帰することができるようにという願いがきます。「私の行動のすべてが、あなたの御名の栄光を現すものとなりますように。」

以上のような観察のほかに、私が気づいたことを一つ付記しておきたいと思います。この六つの祈りを読んで気がつくことは、カルヴァンが祈りの前後にみことばを一節引用していることです。それはいつでもではありませんが、六つの例のうち四つに、みことばが引用されています。祈りの前にみことばの引用がついているのは三つ。祈りの後、アーメンの後に引用があるのは三つ。前後両方に引用があるのは二つです。みことばの引用がない祈りは一つだけでした。このような祈りは、私たちもときどきささげます。

カルヴァンは、説教の後に続いて長い祈りをささげたと言われています。この祈りは充実しており、祈るべき項目も多岐にわたっていました。これは神の民のささげる祈りとして、自分のために祈るよりも、他の人のためのとりなしの祈りとなっています。具体的には王たち、支配者たち（Iテモテ二・二）、牧師、国民、全人類、特に信仰の迫害を受けている人々、そして最後に自分たちのための祈りがきます。この祈りが、説教と聖礼典とあわせて、礼拝の中核を形成していました（渡辺信夫『カルヴァンの教会論』一麦出版社、一二一―一二二頁）。

それとは別に、カルヴァンが聖書講解の後に付け加えた祈りも特徴的なものです。私たちがカルヴァンの注解書を読むと、聖書講解のそれぞれの最後に祈りが付記してあることに気づきます。ちょうど私たちが祈りをもって説教を終えるように、聖書講義も同じように祈りで終わっています。カルヴァンの注解書全体を調べたところ、新約の場合は祈りが付いていませんが、旧約ではエレミヤ書、哀歌、エゼキエル書、ダニエル書以後マラキ書までの小預言書の各講義は祈りをもって閉じられています。この祈りについてもヘッセリンクは、興味深い観察をしています。講解後の祈りでは、神への呼びかけはほとんどいつも「どうか、全能の神よ」となっています。そして、祈りの中で適用して、最後にその祈りを終末論的なモティーフに関係づけて終わらせています。つまり、神の最終的支配が完成して、その御国にて永遠の安息に入る希望を祈っています。たとえば、「ついに私たちが幸いな御国に集められて、そこで私たちが私たちの至福を心ゆくまで楽しむことができるように、私たちの主、イエス・キリストにおいて。アーメン」（エゼキエル書の最初の講義）、「主が私たちのためにご自身の血によって買い取られた天的休息に、私たちがたどり着くことができますように。アーメン」（ダニエル書の最初の講義）、「あなたが、ひとたび私たちのうちに良い業を始められたのですから、主の日に向けて、あなたがそれを完成させてくださいますように」（ホセア書の最初の講義）。このような祈りのフレーズによってカルヴァンは、いつも私たちが目指すことは神の国に入ることであることを思い起こさせています。

カルヴァンの『綱要』三篇九章のタイトルは「来たるべき生への瞑想」です。そこでカルヴァンは信仰者たちの追求すべき目標についてこう述べています。「この世には、それ自体としては悲惨であるもののほか何ものもない、ということを悟りつつ、いよいよ快活に、またいよいよ備えを整えて、来たるべき永遠の生への瞑想に全生活をかけてつとめるということである。」 これこそが、キリスト者の生涯を構成する主要な要素であるというカルヴァンの確信は、これらの祈りと軌を一にするものです。来たるべき世界での生を瞑想することこそが、私たちを祈りへと導いていくのです。逆に今日の祈りの弱さは、私たちの関心が地上のことに偏り過ぎていることではないでしょうか。天での生の瞑想ではなく、この地上の生活を少しでも良くすることばかりに関心が傾き、それこそが、キリスト者の本来の生き方であるとさえ主張されています。キリスト教会全体に起きているこのような変動が、結局私たちの祈りを弱めているのかもしれません。

ヒッポリュトス『使徒伝承』に見る公的祈り

時代をさかのぼって、今度は初代教会においてこの二種類の祈りがどのようにささげられていたかを観察したいと思います。そこでもやはり自由な祈りとある形式に従う祈り方が共に出てきます。紀元二一五年ごろの文書でヒッポリュトスによる『使徒伝承』には、自由な祈りと、定められた祈りの実例が残されています。「もしだれかが油を献げるならば、彼は、パンとぶどう酒を献げる場合のように感謝の祈りをささげなければならない。同じ言葉を使ってということではなく、同じような仕方で、以下のように祈るべきである。『この油をきよめてください。神よ、それによってあなたが王たち、祭司たち、預言者たちに油を注いだように。その油を用い、その油にあずかる者たちに、あなたが健康を与えられ、その油がそれを味わうすべての者の上に慰めを与え、またそれを用いるすべての者に健康を与えますように。』 監督は上に述べたようなやり方で感謝をささげなければならない。神に感謝をささげるときは、まるで記憶した言葉を朗唱するかのように、前に述べたのと同じ言葉をそのまま繰り返す必要はまったくない。ただそれぞれが、自分の力に応じて祈ればよい。もし長い祈り、厳粛な祈りをすることができるならば、それはよい。しかし、もし誰かが祈るときに、彼が短い祈りをするならば、彼をとがめだててはならない。ただ、健全な、正統的な祈りでなければならない」(Burton Scotte Easton ed. Hippolytus, *Apostlic Tradition*, p. 36)。

この文書は、だれかが油を持って来たとき、共同体のリーダーがどのような祈りをささげたらよいかということが問題になっています。そのとき、自由に祈ってよいことが強調されます。しかし、いろいろな祈りの賜物が人々に与えられています。ある人は長い厳粛な祈りをするが、それも良いと言います。定式化された祈りがあり、聖餐式の時にどのように祈るかは、長い伝統の中で一定の型ができあがっていました。まず創造主である神に感謝し、次に主イエスの生涯、死、復活という一連の贖いのわざを感謝して神に祈るのです。しかし、このような定められた祈りとともに、共同体に力を与えてくださる聖霊の働きも認められ、自由に祈ってもよかったのです。現代の教会で使われている聖餐式の祈りにも、創造、贖い、神の民の間に働かれる聖霊が出てきます。しかし最終的な強調点は、神の国がわれわれのところに来ていること、力をもってわれわれの間に実現しつつあるというところにあります。ところが、祈りは徐々にいっそう定式化されていきました。四世紀になると明確に文章化された祈りになります。それは、正統的な神学を保持する方向に強調点が移ったということに関連していたようです。

使徒の働きに見る公的祈り

次に、新約聖書の時代にどのような祈りがささげられていたかを見てみましょう(Hughes Oliphant Old, *Leading in Prayer?*)。使徒の働き三章でペテロとヨハネは、「美しの門」で行った奇跡をきっかけに投獄されましたが、翌日には釈放され、仲間の家に戻りました。二人の報告を聞いた人々は、心を一つにして一斉に祈り始めました。「主よ。あなたは天と地と海、またそれらの中のすべてのものを造られた方です」(四・二四)。これは、詩篇一四六篇のみことばです。一四五篇から一五〇篇までを歌うことは、当時の敬虔なユダヤ人たちが朝の祈りを始める方法でした。さらに、もう一つの詩篇二篇が祈られています。「なぜ、異邦人たちは騒ぎ立ち、もろもろの国民はむなしいことを企むのか。地の王たちは立ち構え、君主たちは相ともに集まるのか、主と、主に油注がれた者に対して。」この詩篇が聖霊によるものであるので（使徒四・二五）、詩篇が祈られるということは、聖霊が御父をたたえているということです。その後、二七節から三〇節まで、彼らが祈っているのは、この詩篇の解釈にほかなりません。ここで詩篇が会衆によって祈られ、次に伝統的な詩篇の内容が教会の置かれた現状の中で解釈され、祈られているのを見ることができます。祈りによって導く人が、詩篇を初代教会の置かれた状況の中で理解し、その意味を念入りに仕上げているのです。初代教会において礼拝を導いた人々は、祈りの伝統的な形式を知っており、同時にそれらの形式を即興的に歌うことができました。同様にシナゴグではラビたちは、礼拝で祈るべき伝統的な十八の祝福（Amida）を熟知していましたが、同時にそれらを公的な祈りの中で変更、適用しました。初代教会の諸文書の中には、そのような祈りの実例がかなり残されています（たとえば『ディダケー』、ユスティヌス、ヒッポリュトス等）。そこには、牧会者が一語一語従っていくような、定まった祈りのテキストはまだ存在していなかったようですが、祈る者が何をどのように祈るべきかということにはだいたい定まった伝統がすでにあったことが分かります。

プロテスタント教会は、長い間、式文によらない自然発生的即興的祈りを強調してきました。それは聖霊の導きを信じる者にとって当然のことでしたが、公の礼拝の中で聞く即席の祈りというのは、しばしば中身が貧しいという問題を含んでいました。それは真剣ではあっても深くもなく、未熟なものに終わりがちです。祈りが即興的であっても、同時に注意深い準備によってバランスを取る必要があります。それは何よりも根底において牧会者自身の祈りの生活によって支えられていなければなりません。牧会者は祈りによって会衆を導くことができるように、よく訓練されている必要があります。その方法について無知ならば、祈りによって礼拝を導くことは不可能です。即興的祈りというものは、深い祈りの経験から湧き上がってくるものでなければならないものだからです。

そのような実例の一つを、私たちはピューリタンから学ぶことができるように思います。ピューリタンは祈りにおいて有名です。彼らは個人的な祈りにおいて自分自身をよく訓練していました。そして、公の祈りにおいても彼らはよく備えをし、熱心に祈りました。たとえば、リチャード・マザー（マサチューセッツ湾の最初の牧師）は、毎日朝に夕に、家族とともに祈りの時を過ごし、さらに押し入れに入って祈りました。祈りにおいて導くことは教職者の仕事の一部だったのです。それをなすように遣わされているのです。

ウィリアム・パーキンス（一六世紀）によれば、牧師とはイスラエルの預言者のように、二つの機能を持っています。一つは説教でみことばを教えること、もう一つは人々の必要を神の前に持っていくこと、すなわちとりなしの祈りです。パーキンスは、モーセ、エリヤ、エレミヤのように、祈りの奉仕の重要性を教えました。ピューリタン牧師は、私的な祈りの訓練を通して公の祈りにおいて礼拝を導くために準備をしました。同時に彼らは祈りを聖書から学びました。キリストの祈り、使徒たちの祈り、彼らがどのように祈ったかを学んでいきました。

マッシュウ・ヘンリーの『祈りの方法』(Matthew Henry, *Method of Prayer*) は、牧師が公の祈りに備える助けとなるように書かれました。牧師は日曜日の礼拝のために、その直前に祈りを考えるのではなく、週日から祈りを考え始めるべきことを説いています。

現代の礼拝論の中での公的祈り

ウィリアム・デルバート・マックスウェルは、その著書『改革派教会の礼拝』(一麦出版社)の第三章「公的な礼拝と私的な祈り」(二二頁)と第一一章「祈りの様式と即興祈禱」(八二―九〇頁)において興味深い観察をしています。彼は、即興の祈りは現代の礼拝においても保持されるべきであり、即興的祈りの拒否は聖霊の継続的働きを拒否することだと考えます(八三頁)。しかし、これはどちらかを選択しなければならないということではなく、改革派教会は両者に価値を見出し、両者を相互に補完的なものとして取り扱ってきました。たとえば、カルヴァンも説教の前の祈りにおいては即興的祈りを好みましたが、礼拝式においては祈りの様式を保持していました。カルヴァン自身こう言っています。「祈りの様式と教会の礼拝式については、教職者が変えることの許されない一定の形式があるべきだという考え方を私は強く支持します。第一に、ある人々の不慣れと無知とを避けるために、いくらかの規定は作られてしかるべきである。第二に、教会相互の一致と調和が明らかになるためである」（Calvin, *Opera*, viii. 70 sqq.）。

即興的祈禱の使用が式文祈禱よりも好ましいという大きな変化が起こってきたのは、一七世紀になってからのことです。すなわち、チューリッヒの牧師グアルターの意見はこの時代の改革派教会の標準的な見解です。「何人も既成の祈りに拘束されてはならないと言われる場合、私はそれがどういう意味で主張されているのかよく分からない。もしも、あらかじめ考えられた祈りの言葉、あるいは一定の形の祈りを迷信的に尊ぶようなことをしてはならないという意味であるなら、私もそれに同意見である。これは祈禱師か魔術師のすることである。しかし、もし公的祈禱の一定の形式を非難するのであるなら、私はその判断は誤りであると言わねばならない」と。式文祈禱に対する強い嫌悪が生じてきたのは宗教改革の時期ではなく、後になってからです。また即興的祈禱と説教との間には明確な区別が必要です。祈りを通して説教しようとする傾向があったのは事実ですが、教化的祈禱は大きな問題です（W. D. Maxwell, *An Outline of Christian Worship*, 1963, p. 182）。

結論として、定式化した祈りは、礼拝者たちが共同の礼拝で一緒に声を出す役割を担うとき、根本的に必要だということです。このことは賛美歌や詩篇歌が賛美されるときにはどこにおいても認められています。礼拝者がそれぞれ、歌い出す前に自分で即興の歌詞を作らなければならないということはあり得ないでしょう。しかし、賛美歌や詩篇も祈りです。それは共同の祈りとなります。それは形において通常の祈りとは異なった形式の祈りです。定式化された祈りは、すべての人が声を出して一つとなるために有効です。これに反対するのは非合理で根拠のないものであることは明らかでしょう。共同の祈りは万人祭司の原則に最もよくかなっていると言えます。

さらにレイモンド・アバ著『礼拝——その本質と実際』（日本基督教団出版局、一〇八頁以下）から公の祈りについて一つのことを付記しておきます。アバは、一九世紀における個人主義の遺産の結果「個人の祈り・共同の祈り」が混同されていると指摘しています。本来礼拝は統一された公同の行為です。ですから、牧師であれ、信徒であれ、礼拝において個人的な祈りをささげるのは誤りです。また牧師は神に向かってではなく、しばしば会衆へ向けて祈りによって説教しようとしますが、共同の祈りにおいて祈る主体は会衆であることを忘れてはならないでしょう。ですから牧師は会衆に代わって、全会衆の祈りをささげているのです。したがって、一般的には、礼拝における祈りは即席であるよりも、よく考えておくべきです。会衆とともに礼拝することであって会衆の礼拝を導くことではありません。

最後に、教会における公的祈りを閉じるにあたり、ダニエル・ジェンキンスの言葉を覚えたいと思います。彼は、教会について書いた『祈りと神への奉仕』の中でこう言っています。「祈りの第一義的あり方というのは、共に祈る祈りであって、個人の祈りというものは、教会の共同の祈りの一側面にすぎない」(Daniel Jenkins, *Prayer and the Service of God*, Faber and Baber Ltd, London, p. 82)。彼は、祈りは本来、教会という共同体の文脈から離れたところでは不可能であると考えています。教会の祈りこそ祈りの第一義的あり方というのは、祈りとは本来教会を離れて存在しない、ということでしょう。私は、初代教会の祈りはやはりそうであったと思います。

主イエスは弟子たちに教えた主の祈りにおいて、「天にいます私たちの父よ」と祈ることを教えました。これは祈りが共同体的わざであることを前提としています。しかし今日、祈りが、非常に私的なものになってしまっているように思います。それが祈りの弱さの原因ではないでしょうか。祈りとは神との個人的な交わりであり、信者の共同体と分離して存在し得ると考えているのです。それは私たちの信仰のあり方そのものが、非常に個人的なもの、私的なものになりつつあるからでしょう。教会という視点のない信仰生活が、共に祈る祈りを弱めている理由ではないでしょうか。しかし、クリスチャンの祈りは、神の民の歩みの文脈の外側には存在し得ないものなのです。祈りとは個人の魂と神との間のことであって、教会という共同体から独立して存在しうると考えるのは、本来の祈りのあり方ではありません。祈りの第一義的形式は共同の祈りであって、個人の祈りはその共同体の祈りの一つの側面なのです。その意味で、公同的祈りについての意義を回復することは現代の教会にとって喫緊の課題でしょう。

第三章　礼拝における様々な祈りの形態

最後の課題として、礼拝の各項目を検討しながら私たちの礼拝が祈りであることを確認しておきたいと思います。私たちの礼拝は、神と神の民との会見であると言いますが、その会見はあくまで「公の会見」です。ですから礼拝におけるすべての要素は次の二つに分類できます。それは「神が会衆に語る要素」と「会衆が神に語る要素」です。ひとことにまとめれば「神のみことば」と「私たちの祈り」と言うことができるでしょう。神はみことばによって私たちに語り、私たちは祈りによって神に語ります。それによって私たちは神との会見を経験しているのです。そこに礼拝が成立します。ですから、礼拝において私たちがなしていることはすべて祈りです。私たちは礼拝の中で様々な形式で祈りをささげています。牧師が祈りのうちに会衆を導くだけでなく、賛美、告白、交読、祝禱などはすべて祈りにほかなりません。

祈りとしての賛美

賛美とは、神を崇める目的で神について語ることです。ですから、それは本質において祈りです。聖書でも賛美と祈りは密接に結びついています。「真夜中ごろ、パウロとシラスは祈りつつ、神を賛美する歌を歌っていた（プロシューコメノイ・ヒュムヌーン）」（使徒一六・二五）。「私は霊で祈り、知性でも祈りましょう。霊で賛美し、知性でも賛美しましょう」（Ⅰコリント一四・一五）。そして、その多くの模範を私たちは詩篇の中に見出します。

詩篇の多くは、古代イスラエルの礼拝において実際に歌われた賛美です。神を賛美するために音楽的要素は不可欠なものではありません。音楽がなくても、私たちが神について語るとき、それ自体で立派な賛美となります。ただ音楽の利点は、会衆が声を一つにして同じことを祈れるようにしてくれること、また祈りの言葉を豊かに表現してくれることです。「言葉は我らの思考に語りかける。しかし、音楽は我らの心と霊に、魂の核心と根源に語りかける」（キングスレイ）。しかし、音楽が言葉と衝突したり、音楽が言葉を凌駕したりするとき、もはや音楽は賛美の妨げでしかありません。今日、様々な「賛美」が横行しています。それが本当の賛美かどうかということは、私たちの「祈り」と同居することができるかどうかということで判断されると私は考えています。そう考えると、賛美礼拝こそ本当の礼拝だと言うことができるでしょう。

聖書は、礼拝においてどんな歌を歌ってもよいとは言っていません。パウロは、「詩と賛美と霊の歌」をもって賛美することを二度も繰り返して教えました（エペソ五・一九、コロサイ三・一六）。これが何を意味するのか詳しいことは論じませんが、「詩」は当然、詩篇を含んだ表現ですし、また最後の「霊の歌」とは「聖霊による（プニューマティコス）歌」のことです。現代の賛美歌には「神に向かう祈り」としての要素よりは、むしろ会衆が自ら歌って楽しむ要素が増大しているように思います。それでは真の賛美とはなり得ず、「歌の騒ぎ」（アモス五・二三）でしかないでしょう。ではどうしたら良いのでしょうか。

一つの方法は、もう一度詩篇を礼拝の賛美として取り戻すことではないかと思います。それは、最も古いキリスト教礼拝のあり方でした。主イエスも弟子たちとともに詩篇を詠い、神への祈りをささげました。使徒パウロもエペソ、コロサイでそのように勧め（上述）、そしてヤコブは、「あなたがたの中に苦しんでいる人がいれば、その人は祈りなさい。喜んでいる人がいれば、その人は賛美しなさい（プサロー）」（ヤコブ五・一三）と勧めました。教会の歴史上最初の賛美歌集として知られている the Odes of Solomon（『ソロモンの歌』）（一世紀の終わりごろ）も約四十の詩篇を含んでいます（http://gnosis.org/library/odes.htm）。アタナシウスもマルケリヌス修道院において用い、聖ベネディクトは一週間で詩篇全体を祈ることができるようにアレンジしました。こうして、千五百年間にわたって、詩篇は手を加えられ、編集され、改編されながら礼拝において不動の地位を占めていました。

これは宗教改革においてもルター、カルヴァンをはじめ多くの人々によって引き継がれました。ルター派は一五三一年、少なくとも八十五の韻律化詩篇を含む詩篇歌を出版しています。カルヴァン派はカルヴァンやベザの監督のもとで、一五三九年に最初の『ジュネーブ詩篇歌』を出版し、一五六二年までには詩篇百五十篇全体を歌えるように拡張しました。一七世紀にはドイツにハインリッヒ・シュッツが現れて、多くの詩篇歌を作り、一八世紀にはイギリスにアイザック・ウォッツが現れて、詩篇を自由に意訳して賛美歌を生み出しました。しかし、一九世紀になって詩篇を詠うことは急激に衰えていきました。韻律化された詩篇を歌うことは、古めかしく詩としての魅力を欠いていたとみなされたからです。しかし、これは私たちにとって大きな損失です。いかに詩篇を教会の祈りとして取り戻すことができるかは、礼拝における祈りを考えるとき、中心的な課題の一つではないかと思います。

祈りとしての交読

礼拝における交読を、どのように位置づけているでしょうか。詩篇は神への祈りなので、私たちが詩篇を交読するとき、それは当然、神への祈り・賛美となります。つまり、交読は、賛美のもう一つの形態であり、その本質は賛美と同様「祈り」です。礼拝においても二組に分かれて神を賛美することは、旧約聖書の時代から行われていたイスラエルの古い習慣でした（出エジプト一五・二一、民数一〇・三五、三六、二一・一七―一八、申命二七・一一以下、Ｉサムエル一八・七）。

ダビデ・ソロモンの神殿時代には、司会者の先唱に対して会衆が応唱したり（Ｉ歴代一六章）、二つの聖歌隊に分かれて交互に歌い交わすといった賛美の仕方が行われていました。その良い実例は詩篇一三六篇で、会衆は後半のフレーズ「その恵みはとこしえまで」を繰り返し唱えたと思われます。

それは捕囚後にも現れます。「その兄弟たちが彼らの向かい側に立って、組と組が相応じて、神の人ダビデの命令に基づき、賛美をして感謝をささげた」（ネヘミヤ一二・二四）。「歌い交わした」（エズラ三・一一）。「感謝の歌をささげる二つの大きな賛美隊として配置した」（ネヘミヤ一二・三一）。

また初代教会でも行われていたことは、プリニウスがこう記録しています。「（クリスチャンは）定められた日の夜明け前に集まって、神に対するのと同じようにキリストへの賛美を交わし合う習わしでした」（傍点筆者）。

交読の特徴は文字どおり、その「交互性」にあります。私はここに礼拝の公同性を見ることができるように思います。それが礼拝の特徴の一つです。パウロが教会に対して勧告するときの特徴は「互いに」ということですが、それは礼拝に関して際立っています。特にエペソ人への手紙五章一九節とコロサイ人への手紙三章一六節で、「詩と賛美と霊の歌をもって互いに語り合い、主に向かって心から賛美し、歌いなさい」とあるように、賛美することは「互いに語る」ことです。このみことばは、「牧師はみことばによって説教し、会衆は賛美によって説教する」というルターの言葉を思い出させます。私たちは詩篇を交互に読み、交互に聞くことで、相互に教え合っているのです。そのとき会衆全員が教える奉仕をしていることになります。そこに交互であることの意味があるのです。

ところで、日本の教会は、以前聖歌と讃美歌に収録されている交読文を用いていましたが、今日、「交読」というと、ほとんどが各節を交互に読むという習慣が広く行われています。しかし、それでは意味が分からなくなってしまいます。ヘブルの詩は二行詩が多く、もともと交読に適しています。そこでヘブルの詩の構造に合わせて、交読文を作成することが、交読を礼拝の賛美・祈りとして用いていくために急務です。

祈りとしての告白

礼拝の祈りでもう一つ重要なのは、告白です。聖書の中で、告白も賛美や祈りと非常に近いものです。それらは何を語るかだけが違います。賛美は神の偉大さや神のみわざを語りますが、告白は信仰の内容（教理）を歌います。ヘブル人への手紙一三章一五節では、告白する（ホモロゲオ）が「たたえる」と訳されています。礼拝の中で告白を行うことは、旧約時代でもシナゴグでも重要な要素でした。イスラエルは古く「シェマー」を告白してきました。信仰の明白な表明がなければ、礼拝は不完全です。告白によって信仰者は信じていることを知性において宣言します。内的なものを言葉によって外に表明します。告白とは、言葉という手段によって自分の全人格（魂）を創造者に献げる生きた供え物です。信仰の告白として「使徒信条」がしばしば用いられますが、内容的にも歴史的にも、もっとニケア信条に注目すべきではないかと思います。礼拝で信仰告白の定式が次第に用いられるようになったということは間違いありません（ローマ一〇・一〇、ピリピ二・一一）。しかし、告白の重要性は現代の礼拝において軽視されている一つです。使徒信条をさえ知らないクリスチャンが生まれつつあるのです。それは礼拝において告白することの意味を失いつつあるからです。

主の祈り

礼拝における公の祈りとして、主の祈りは最も普遍的、最も代表的な要素です。主の祈りについては内田先生の講義がありましたので、ここでは何も言うことはありません。ただ主の祈りは、「天にいます私たちの父よ」と一人称複数形が使われているように、公同の礼拝において共に祈るのに適しています。それゆえに、教会の歴史の初期から公同礼拝において重要な役割を果たすようになりました。主の祈りは祈りのすべてを内包しており、共同体がささげる祈りとして最もふさわしいものです。

頌　栄

次の「頌栄」は、パソコンや『広辞苑』にさえ、いまだに現れないキリスト教の専門用語です。「頌」は「ほめたたえる」こと、「栄」は「栄光」のことで、文字どおり神の栄光をほめたたえる祈りです。それは、歌詞の内容からも明らかです。讃美歌五四一番は、使徒教父ポリュカルポスによる最も古い（一世紀）頌栄ですが、三位一体の神を次のようにたたえています。「父、御子、御霊の　おおみ神に　ときわにたえせず　みさかえあれ。」

このように神の栄光を短い言葉でたたえることは、聖書にしばしば見られる習慣でした。パウロも手紙の中でしばし筆を止め、「どうかこの神に、栄光がとこしえにありますように」と言い添えています（例、ローマ一一・三六）。みことばにより福音の恵みを深く味わい、信仰を告白して私たちの魂を神にささげたのち、このように神の栄光を共にあがめるということは、何と礼拝にふさわしいことでしょうか。私たちは、この短い頌栄を賛美しながら、もう一度、神にすべての栄光と誉れを感謝のうちにお返ししているのです。

祝禱

頌栄によって神にすべての栄光を帰した後、私たちは神の祝福を求めて祝禱を行います。頌栄同様、祝禱も聖書の中に見られる古い習慣です。旧約聖書で一番有名な祝禱は、「アロンの祝福」(民数六・二四―二六)と呼ばれています。ルターやカルヴァンが最初にプロテスタントの礼拝順序を公にしたときも、この祝禱で礼拝を閉じています。

「主があなたを祝福し、あなたを守られますように。主が御顔をあなたに照らし、あなたを恵まれますように。主が御顔をあなたに向け、あなたに平安を与えられますように。」

また新約聖書では、ローマ人への手紙一五章一三節のほかに、コリント人への手紙第二、一三章一三節が最も広く用いられている祝禱です。これも三位一体形式で次のように祈ります。

「主イエス・キリストの恵み、神の愛、聖霊の交わりが、あなたがたすべてとともにありますように。」

ともすれば単調になりやすいのですが、聖書の多くの祝禱を自由に用いるべきでしょう。

アーメンの唱和

このように、会衆への祝福が宣言的に祈られた後、会衆の応答として一番ふさわしいのは、やはり「アーメン頌」ではないでしょうか。私はここで会衆がアーメン頌を実際に賛美することがふさわしいと考えています。これも古い伝統であることは、すでに述べたとおりです。それを私たちは無視するべきではないでしょう。

結論に代えて

預言者イザヤは、来たるべき時代に神殿は「祈りの家」と呼ばれると預言しました。それは祈ることが主要な要素となる礼拝です。その預言どおり、今日私たちは礼拝において様々な形態で祈りをささげています。それは文字どおり「祈りの家」です。それが受け入れられる礼拝なのです。

そこでの祈りとは何でしょうか。それは端的に言えば、神への感謝と嘆願です。神のみわざに感謝するとき、それは自然に賛美にもなります。そして、私たちの大きな欠けを自覚するとき、それは嘆願となります。感謝と嘆願を携えて、公の礼拝において私たちは神に近づくのです。ですから礼拝において牧師の重要な奉仕は、この公の祈りを導くことです。しかし、祈る主体は会衆ですから、牧師にはその祈りのための準備が必要です。説教やみことばの研究に長い歴史があるように、実は祈りにも長い伝統があります。それはあまり記録されてはきませんでしたが、私たちは、積み重ねられてきた祈りの霊的遺産をこれからも受け継いでいく必要があるでしょう。みことばの奉仕とともに、祈りによって礼拝を導くことの重要性を再確認したいと思います。

参考文献

ウィリアム・デルバート・マックスウェル『改革派教会の礼拝』教文館。
Eugene Bradford, *Intercessory Prayer: A Ministerial Task*, WTJ 22:1 (Nov 59), p. 13.
Hughes Oliphant Old, *Leading in Prayer: A Workbook for Worship*, Eerdmans, 1995.
Hughes Oliphant Old, *Themes and Variations for a Christian Doxology*, Eerdmans, 1989.
日本聖公会祈禱書、*Book of Common Worship*, Pastoral Edition.
Daniel Jenkins, *Prayer and the Service of God*, London: Faber and Faber Ltd, 1944.

〈**具体的な祈りの実例**〉

ヨハネス・ベック『祈りの手引き』聖文舎、一九七〇年。

マンシュレック編『改革者の祈り』新教出版社、一九七九年。

Matthew Henry, *A Method of Prayer*, Curiosmith, 2018.

あとがき

聖書宣教会・聖書神学舎校長　赤坂　泉

本書は、聖書神学舎夏期研修講座の講義録です。聖書神学舎は、聖書信仰を堅持してみことばに仕える伝道者の養成を願って、神学教育を続けてきました。六十年の間、主が、主の教会のわざとしてこれを保ってくださったことを感謝しています。牧師・伝道者の継続教育の機会として提供してきた夏期研修講座も今回で四十三回目を数えました。近年では、諸教会のみことばの理解と深化の助けとなることを願って、講座の記録を出版することが増えてきました。その一冊目『礼拝の聖書的な理解を求めて』(二〇〇二年)について、ある書評に「わき目も振らずひたすら聖書に向かおうとするその真剣さ」と表現していただいたことを嬉しく思い出します。まさしくそれが私たちの願いです。

二〇一八年度の講座も「祈り」を共通の関心として、定員を超える参加者と、ひたすら聖書に向かう幸いな学びと交わりの時間を過ごしました。神の義と聖に思いを致し、異教社会に生きる神の民の直面する危険を思い、大胆に、厚かましく、あきらめずに祈ることを励まされた三日間でした。印刷された講義の記録をもってその交わりの豊かさを再現することはできませんが、少なくとも、聖書の学びから得た多くの収穫のいくらかをお分かちできるはずです。読者の皆様の祈りが、みことばの主に励まされていよいよ豊かにされる一助となることを願って、こうして皆様にお届けします。

聖書宣教会・聖書神学舎は、これからも、何よりも、そしてどこまでも聖書そのものに向かって行く姿勢を大切にして神学教育にあたり、伝道者を送り出したいと願っています。こんにち、牧師・教師には様々な働きが期待されます。教会の内も外も、時代の波に揺さぶられ、ますますかまびすしくなっていくなかで、「ひたすら聖書に向かおうとする」ことが軽んじられ、後回しにされるようなことがあっては、教会の危機を招きます。主の教会が、主の御旨から目をそらし、耳を閉ざすようなことになりかねません。ですから、みことばをもって羊に食べさせる牧者の働きがいよいよ豊かにされることを祈ります。神学校はみことばに仕える伝道者を整えて送り出します。教会は、伝道者がこの本務を優先して主に仕えることができるように、教会自身を整えることを大切にしていただきたいと思います。そうして共々に主のわざに励ませていただきましょう。

著者紹介

伊藤暢人（いとう・のぶひと）

一九七〇年、神奈川県に生まれる。早稲田大学卒業。二〇〇二年、聖書宣教会卒業。現在、永福南キリスト教会（日本福音キリスト教会連合）牧師、および聖書宣教会教師。

田村　将（たむら・まさし）

一九八〇年、京都府に生まれる。東京外国語大学、聖書神学舎、ゴードン・コンウェル神学校（M.A.）、ブランダイス大学大学院（M.A.）卒業。現在、日本同盟基督教団朝霞聖書教会牧師、および聖書宣教会教師。

津村俊夫（つむら・としお）

一九四四年、兵庫県に生まれる。一橋大学卒業。アズベリー神学校、ブランダイス大学大学院。文学博士（Ph.D.）。聖書神学舎教師。ウガリト語、旧約聖書学専攻。著書 *Creation and Destruction*, *The First Book of Samuel*（NICOT）、『創造と洪水』等。

三浦　譲（みうら・ゆずる）
一九六一年、徳島県に生まれる。関西学院大学、聖書神学舎、ウェスタン・バプテスト神学校（M.A.）、カベナント神学校（Th.M.）、アバディーン大学神学部大学院（Ph.D. 新約学）卒業。現在、日本長老教会横浜山手キリスト教会牧師。著書 *David in Luke-Acts: His Portrayal in the Light of Early Judaism*（WUNT II/232; Tübingen: Mohr Siebeck, 2007）等。

内田和彦（うちだ・かずひこ）
一九四七年、埼玉県に生まれる。東京大学文学部、聖書神学舎、アバディーン大学神学部大学院（Ph.D.）。現在、前橋キリスト教会（日本福音キリスト教会連合）牧師。著書『イエスの生涯〈エゴー・エイミ〉』『神の国はあなたがたのもの』『キリストの神性と三位一体』（以上、いのちのことば社）等。

赤坂　泉（あかさか・いずみ）
一九五九年、三重県に生まれる。三重大学卒業、聖書神学舎、北米バプテスト神学校、ジョージア州立大学大学院。聖書宣教会・聖書神学舎校長。東海聖書神学塾講師。日本バプテスト宣教団教師。

著者紹介

鞭木由行（むちき・よしゆき）

一九五〇年、東京都出身。法政大学卒業後、聖書神学舎に学ぶ。小川キリスト教会で三年間牧会。ゴードン・コンウェル神学校、ジョーンズ・ホプキンス大学大学院、リバプール大学大学院。文学博士（Ph.D.）。生田丘の上キリスト教会で十九年間牧会後、現在、聖書宣教会特任教師。著書、*Egyptian Proper Names and Loanwords in North-West Semitic*,『安息日と礼拝』『だから、こう祈りなさい』『神の喜ぶささげもの～詩篇五一篇講解』（以上、いのちのことば社）等。

祈りの諸相〜聖書に学ぶ〜

2019年 2 月25日　発行

編　者　聖書神学舎教師会

印刷製本　日本ハイコム株式会社

発　行　いのちのことば社

〒164-0001 東京都中野区中野2-1-5
電話 03-5341-6922（編集）
03-5341-6920（営業）
FAX03-5341-6921
e-mail:support@wlpm.or.jp
http://www.wlpm.or.jp/

ISBN 978-4-264-04024-8